实践应用型学前教育专业精品教材

学前儿童社会教育

主　编　王　琦　张婷婷
副主编　窦丽丽　王桂霞　赵　伟
参　编　王冉冉　丁　倩　王　存
郭秋焕　张丽莉　初雅琳
慕媛媛　刘子晨

中国人民大学出版社
·北京·

前 言

“学前儿童社会教育”是高职院校学前教育专业核心课程。本书结合《幼儿园保育教育质量评估指南》《3～6岁儿童学习与发展指南》等文件中有关学前儿童社会教育的要求，按照“理实一体化”“做中学、做中教”等职业教育教学理念编写而成，旨在帮助学生掌握学前儿童社会教育的基本理论知识和学前儿童社会教育活动设计与实施的方法，练就扎实的从教技能，未来能够承担幼儿园社会领域教育活动的工作任务，进而成为优秀的幼教工作者。

本书共分七个项目：学前儿童社会教育概述；学前儿童社会教育活动设计与实施；学前儿童自我意识教育；学前儿童人际交往教育；学前儿童社会环境教育；学前儿童社会规范教育；学前儿童多元文化教育。在编写体例上，本书按照“项目任务式”体例进行编写，旨在构建能力本位的课程体系。每个项目都以思维导图的形式呈现项目主要学习内容，并提出明确的学习目标。每个项目都由若干学前儿童社会教育任务组成，每个任务都由情景导入、任务分析、知识准备、学习笔记、实践训练、岗课赛证测验、学习任务完成情况评价表组成。

本书的编写特色如下：

1. 注重实用性，校企“双元”合作开发。一方面，以学前儿童社会教育典型工作任务为载体、以工作过程为导向，按照工作程序步骤等组织教材内容，使学生的学习过程与岗位任务一致；另一方面，组建了校企“双元”教材编写团队，团队五位主要成员中，三位在高职院校工作，两位在省级示范幼儿园工作。

2. 紧跟时代步伐，科学性和前瞻性并重。本书的知识内容紧跟时代步伐，将习近平总书记在中国共产党第二十次全国代表大会上的报告精神有机融入教材内容，同时将《幼儿园保育教育质量评估指南》等近年来与学前教育相关的政策文件内容和国际上学前儿童社会教育最新进展也呈现在教材中。

3. 突出自主学习，做到理实一体化。本书站在学生的视角，按照“理实一体化”的教学理念编写而成，将最核心的学前儿童社会教育知识呈现给学生，并通过实践训练、岗课赛证测验等引导学生对理论知识进行活学活用，确保学生日后顺利走上工作岗位。

本书建议学时为56。具体学时分配见下表。

教学内容	建议学时
项目一　学前儿童社会教育概述	6
项目二　学前儿童社会教育活动设计与实施	10
项目三　学前儿童自我意识教育	8
项目四　学前儿童人际交往教育	8
项目五　学前儿童社会环境教育	8
项目六　学前儿童社会规范教育	8
项目七　学前儿童多元文化教育	8
合计	56

本书由济南职业学院王琦教授、张婷婷教授担任主编。项目一和项目三由济南职业学院张婷婷教授撰写；项目二、项目四和项目五由济南职业学院王琦教授撰写；项目六和项目七由济南职业学院窦丽丽副教授撰写。教学视频由山东大学第二幼儿园园长赵伟、业务园长王桂霞，烟台市芝罘区向阳中心幼儿园园长侯春萍设计并指导录制，参与录制的教师有山东大学第二幼儿园王冉冉老师、丁倩老师、王存老师、郭秋焕老师、张丽莉老师，烟台市芝罘区向阳中心幼儿园初雅琳老师、慕媛媛老师。中共山东省委机关第二幼儿园刘子晨老师为本书内容编写提供了大量资源信息。本书附录由济南职业学院王琦教授、张婷婷教授、窦丽丽副教授整理汇编。全书由济南职业学院王琦教授、张婷婷教授统稿。

本书得以编写完成，首先需要感谢中国人民大学出版社的大力支持！同时，还要向山东大学第二幼儿园和烟台市芝罘区向阳中心幼儿园表示感谢！

编者

目 录

项目一

学前儿童社会教育概述

学前儿童社会教育有一个产生与发展的过程。“社会”领域作为幼儿园教育五大领域之一，具有特定的内涵。学前儿童社会教育具有重要意义，与其他四大领域教育相互渗透。

学习目标

1. 理解学前儿童社会教育的发展历程和内涵；
2. 掌握学前儿童社会教育的意义；
3. 能够分析学前儿童社会教育与其他四大领域教育的关系；
4. 坚定文化自信，培养爱国主义情怀。

学习内容

项目一　学前儿童社会教育概述

- 任务一　学前儿童社会教育发展历程
- 任务二　学前儿童社会教育的内涵
- 任务三　学前儿童社会教育的意义

项目一导学

任务一　学前儿童社会教育发展历程

情景导入

某幼儿教师认为，学前儿童社会教育是《幼儿园教育指导纲要（试行）》颁布后才开始出现的，之前并没有学前儿童社会教育。

思考：这一观点是否正确呢？为什么？

我的回答：

任务分析

学前儿童社会教育从零散、片段的思想至系统、科学的理论体系，经历了一个较为漫长的过程。我们需要掌握学前儿童社会教育的发展阶段，才能以史为鉴，做好当前的学前儿童社会教育。

知识准备

名人名言

研究教育的目的，本在于实用。分析过去，捉住现在，改进将来，无一不须从本国里找材料；也正唯从本国材料中找出来的路子，才能解决中国幼稚教育的问题。

——张雪门

不了解过去，不仅现在毫无意义，将来也没有希望。

——梅迪那·可斯丁

学前儿童社会教育的发展历程可以分为三个阶段：初创阶段、变革阶段和发展阶段。

一、初创阶段（20 世纪初—20 世纪中叶）

1904 年 1 月，清政府出台了我国第一部学前教育法规《奏定蒙养院章程及家庭教育法章程》。它以国家学制的形式将学前教育机构的名称确定了下来，同时也标志着中国传统学前教育开始向近代转型。从此，中国的学前教育在教育史上揭开了崭新的一页，开始摆脱过去学前教育基本上由家庭进行的封建传统教育模式，转向由社会专门教育机构组织实施。

《奏定蒙养院章程及家庭教育法章程》对蒙养院的保育教导要旨、条目、设备等方面做了规定，如保育教导要旨为“保育教导儿童，专在发育其身体，渐启其心智，使之远于浇薄之恶风，习于善良之规范；保育教导儿童，务留意儿童之性情及行止仪容，使趋端正；儿童性情极好模仿，务必示以善良之事物使则效之……”。可见，蒙养院的课程目标涉及儿童体、智、德等方面，要求注重儿童身体的发育、心智的开启和性情与行为的规范；同时，极为重视儿童的模仿天性，要求用美好的事物去影响他们。由此看来，蒙养院的课程目标已经包含学前儿童社会教育的内容。

1919 年五四运动后，我国涌现出一批学前教育革新家，如陈鹤琴、张宗麟等。在他们的引导下，我国学前儿童社会教育向本土化、科学化方向发展。

1923 年，陈鹤琴创立了中国第一个实验幼稚园——鼓楼幼稚园，开展了“中国化的新幼稚园”科学实验，包括幼稚园课程、幼稚园教材及教法等方面的实验。鼓楼幼稚园的课程以自然环境和社会风俗为依据，注重围绕儿童生活选择主题，最终形成了健康、社会、科学、艺术及语文共五类课程活动。在课程评价方面，鼓楼幼稚园最初便把考察幼稚生应有的习惯、技能作为课程评价的主要内容，做人的习惯（个人的、社会性的）就是评价内容之一。

知识链接

陈鹤琴的“五指活动”

陈鹤琴先生非常关注学前儿童的社会教育，他把“社会”和“生活”作为组织幼儿园课程的两大中心，提出了著名的“五指活动”：

（1）健康活动，包括饮食、睡眠、早操、游戏、户外活动、散步等。

（2）社会活动，包括朝夕会、周会、纪念日集会、每天的谈话及社会常识等。

（3）科学活动，包括栽培植物、饲养动物、研究自然、认识环境等。

（4）艺术活动，包括音乐（唱歌、节奏、欣赏）、图画、手工等。

（5）语文活动，包括故事、儿歌、谜语、读法等。

陈鹤琴先生指出，这“五指”依据的是儿童心理和生理的发展，是生长在儿童“手掌”上的，但又离不开社会实践活动。它们是“活的，可以伸缩，互相联系……”。“五指活动”在儿童生活中构成一个教育的网，有组织、有系统、合理地编织在儿童的生活中。

---

20 世纪 30 年代，张宗麟在其《幼稚园的社会》一书中，明确地提出了幼稚园课程内容社会化思想。他认为，幼稚园课程中应增加“社会”科目，因为“幼儿园的一切活动，由广义说来，都是‘社会’”。

1932 年 10 月，《幼稚园课程标准》公布，这是我国第一个自己制定的统一的幼儿园课程标准，1936 年 7 月又对其进行了修订。《幼稚园课程标准》分为幼稚教育总目标、课程范围、教育方法要点三部分。其课程范围包含了丰富的社会教育内容，其中直接与社会相关的是“社会和常识”科目。

二、变革阶段（20 世纪中叶—20 世纪末）

新中国成立后，在中国共产党的领导下，在新民主主义教育方针的指导下，我国开始对学前儿童实施全面发展的教育，即对学前儿童实施德育、智育、体育、美育及劳动教育。其中，在德育上要求以学前儿童能够理解的形式培养文明的、守纪律的、适合于共产主义道德要求的行为与道德品质。

这一时期颁布的《幼儿园暂行规程（草案）》（见图 1 - 1）、《幼儿园暂行教学纲要（草案）》及《幼儿园教育工作指南》都体现了对学前儿童实施全面发展教育的思想。

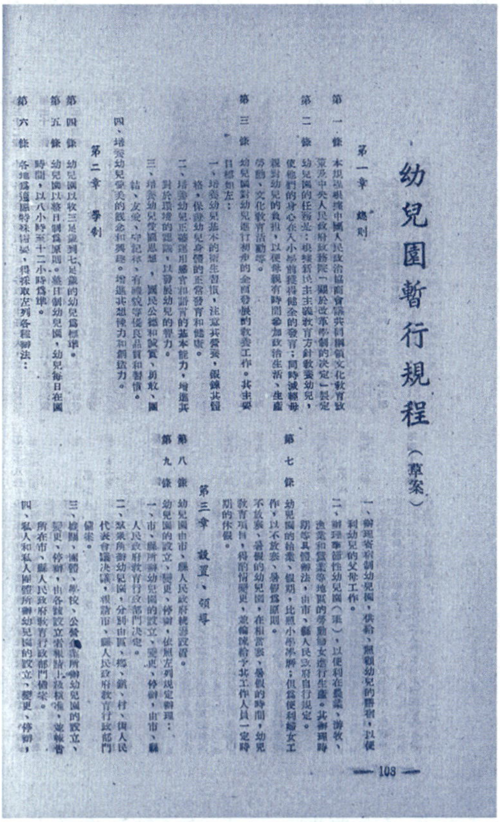
幼兒園暫行規程（草案）

第一章　總則

第一條　本規程根據中國人民政治協商會議共同綱領文化教育政策及中央人民政府政務院「關於改革學制的決定」製定。

第二條　幼兒園的任務是：根據新民主主義教育方針教養幼兒，使他們的身心在入小學前獲得健全的發育；同時減輕母親對幼兒的負担，以便母親有時間參加政治生活、生產勞動、文化教育活動等。

第三條　幼兒園對幼兒進行初步的全面發展的教養工作。其主要目標如左：

一、培養幼兒基本的衛生習慣，注意其營養，鍛鍊其體格，保證幼兒身體的正常發育和健康。

二、培養幼兒正確運用感官和語言的基本能力，增進其對於環境的認識，以發展幼兒的智力。

三、培養幼兒愛國思想，國民公德和誠實、勇敢、團結、友愛、守紀律、有禮貌等優良品質和習慣。

四、培養幼兒愛美的觀念和興趣，增進其想像力和創造力。

第二章　學制

第四條　幼兒園以收三足歲到七足歲的幼兒為標準。

第五條　幼兒園以整日制為原則。整日制幼兒園，幼兒每日在園時間，以八小時至十二小時為準。

第六條　各地為適應特殊情況，得採取左列各種辦法：

第三章　設置、領導

—108—

图 1 - 1　《幼儿园暂行规程（草案）》

同时，这些文件中还明确提出“我国幼儿教育的目的是向幼儿进行共产主义教育，为培养社会主义及共产主义祖国的建设人才打好基础”“幼儿的道德教育是要培养年轻一代具有符合社会主义要求的道德品质”。《幼儿园暂行教学纲要（草案）》增加了新时期的“五爱”教育内容（爱祖国、爱集体、爱家乡、爱父母、爱小朋友），并对幼儿在德育方面的发展提出了新的要求，要求幼儿具有诚实、勇敢、坚忍、顽强与克服困难的意志与性格等。

1979 年 11 月，教育部印发《城市幼儿园工作条例（试行草案）》，其中指出，幼儿教育的主要目标是：

（1）供给幼儿必需的营养，培养他们良好的生活习惯和卫生习惯，发展他们体育运动方面的基本动作，锻炼身体，以增强他们的抵抗力，保证身心健康发展。

《城市幼儿园工作条例（试行草案）》

（2）教给幼儿浅显的自然常识和社会常识，发展幼儿的智力（注意力、观察力、记忆力、想象力、思维能力，特别是口头语言的表达能力)，培养他们对学习的兴趣和良好的学习习惯。

（3）向幼儿进行初步的“五爱”教育（爱祖国、爱人民、爱劳动、爱科学、爱护公共财物)，培养他们诚实、勇敢、团结、友爱、活泼、守纪律、有礼貌等优良品德、文明行为和习惯。

（4）教给幼儿音乐、美术、舞蹈等方面浅显的常识和技能，培养他们对艺术的爱好。

1981 年 10 月，教育部颁发《幼儿园教育纲要（试行草案)》，这是我国改革开放后制定的第一个幼儿园课程标准。它把学前课程内容划分为生活卫生习惯、体育活动、思想品德、语言、常识、计算、音乐、美术八个方面。可见，“思想品德”已成为学前课程内容中独立的一部分。

从 20 世纪 80 年代末期开始，随着改革开放的深入，我国学前教育的指导思想发生了根本性的变化，开始由成人走向儿童、由品德走向社会。

课程思政

中国共产党发展学前教育的百年历程、成就及经验

中国共产党发展学前教育的百年历程经历了摸索阶段、探求阶段、前行阶段、失序阶段、稳进阶段、挺进阶段、勇进阶段七个发展阶段。中国共产党发展学前教育的百年历程促进了学前教育的深化发展。中国共产党发展学前教育的经验是：坚持党的领导，坚定不移走党的教育路线是学前教育不断发展的根本保证；学习、融汇世界先进经验，走中国特色发展道路是学前教育发展的范型；依从教育规律、注重与经济社会发展互动是学前教育发展的基本遵循；公平和质量并行，普惠前提下追求高质量发展是学前教育的渐进发展方略；通过制定相关幼儿教育法规促进和保障发展是学前教育发展的必要保障；多层次、多方式地培养学前教育师资和人才是学前教育发展的不竭动力。

资料来源：顾高燕，张姝玥. 中国共产党发展学前教育的百年历程、成就及经验［J］. 教育理论与实践，2021，41（31）：29-35.

三、发展阶段（20 世纪末至今）

《幼儿园教育指导纲要（试行）》

2001 年 7 月，教育部印发《幼儿园教育指导纲要（试行)》（以下简称《纲要》)，这是 21 世纪我国颁布的第一个幼儿园课程文件。《纲要》把幼儿园的教育内容划分为健康、语言、社会、科学、艺术五大领域。至此，社会教育成为幼儿园一个独立的课程领域。

《纲要》提出社会领域的目标为：

（1）能主动地参与各项活动，有自信心。

（2）乐意与人交往，学习互助、合作和分享，有同情心。

（3）理解并遵守日常生活中基本的社会行为规则。

（4）能努力做好力所能及的事，不怕困难，有初步的责任感。

（5）爱父母长辈、老师和同伴，爱集体、爱家乡、爱祖国。

《纲要》指出，社会领域的教育具有潜移默化的特点。幼儿社会态度和社会情感的培养尤应渗透在多种活动和一日生活的各个环节之中。幼儿与成人、同伴之间的共同生活、交往、探索、游戏等，是其社会学习的重要途径。社会学习是一个漫长的积累过程，需要幼儿园、家庭和社会密切合作，协调一致。

2012 年 10 月，教育部印发《3～6 岁儿童学习与发展指南》（以下简称《指南》）。《指南》从五个领域描述幼儿学习与发展，分别是健康、语言、社会、科学、艺术。每个领域按照幼儿学习与发展最基本、最重要的内容划分为若干方面。每个方面分为两个部分，一是学习与发展目标，分别对 3～4 岁、4～5 岁、5～6 岁三个年龄段末期幼儿应该知道什么、能做什么、大致可以达到什么发展水平提出了合理期望，共 32 个目标；二是教育建议，根据幼儿的学习与发展目标，针对当前学前教育普遍存在的困惑和误区，列举了一些能够有效帮助和促进幼儿学习与发展的教育途径与方法，同时也指出了错误做法对幼儿终身发展的危害，为广大家长和幼儿园教师提供了具体、可操作的指导，共 87 条教育建议。

《3～6 岁儿童学习与发展指南》

从我国学前儿童社会教育的发展历程看，经历了从单纯的社会认知教育到由德育代替社会教育，再到先进的社会认知、社会情感、社会行为教育综合发展和逐渐完善的过程，学前儿童社会教育开始沿着科学化、人本化的道路前行。

学习完本任务，相信你一定可以更为深入地回答“情景导入”部分的问题。

我国学前儿童社会教育从 1904 年开始萌芽，经历了初创、变革和发展三个阶段。《幼儿园教育指导纲要（试行）》颁布后，以促进幼儿社会性发展为目标的社会领域正式成为幼儿园课程的重要组成部分。

学习笔记

实践训练

绘制学前儿童社会教育发展历程脉络图。

一、实训目标

能够清晰地理解学前儿童社会教育发展历程。

二、实训过程

（1）回顾学前儿童社会教育发展的三个阶段。

（2）采用合适的形式绘制学前儿童社会教育发展历程脉络图。

（3）交流分享。

三、实训要求

（1）按照时间顺序绘制脉络图。

（2）选择合适的脉络图模板。

（3）交流分享时语言表述清晰。

岗课赛证测验

岗课赛证测验

学习任务完成情况评价表

评价标准	自我评价（达到打√，未达到画○）	小组评价（达到打√，未达到画○）	教师评价（达到打√，未达到画○）
能够说出学前儿童社会教育的发展历程			
能够理解学前儿童社会教育各个阶段的发展特点			
能够绘制学前儿童社会教育发展历程脉络图			

任务二　学前儿童社会教育的内涵

情景导入

每当春节、元宵节、中秋节等传统节日到来之际，幼儿园都会开展丰富多彩的活动，如春节时开展迎新年活动，教师为幼儿介绍过年的风俗，与幼儿一起挂灯笼、贴窗花、画年画等。

思考：这类活动是否属于学前儿童社会教育的内容？为什么？

我的回答：

任务分析

社会领域是幼儿园教育的五大领域之一，它与健康、语言、科学、艺术领域既有区别又有联系，它们共同构成幼儿园的教育内容。

知识准备

名人名言

大自然大社会是一本无字的书、活的书，是我们的活教材、活教师。

——陈鹤琴

社会在指导青少年活动的过程中决定青少年的未来，也因而决定社会自己的未来。

——杜威

《幼儿园教育指导纲要（试行）》指出，幼儿园的教育内容是全面的、启蒙性的，可以相对划分为健康、语言、社会、科学、艺术五个领域，也可做其他不同的划分。各领域的内容相互渗透，从不同的角度促进幼儿情感、态度、能力、知识、技能等方面的全面发展。

一、学前儿童社会教育的界定

澄清学前儿童社会教育的内涵是正确实施学前儿童社会教育的基础。

从社会学视角看，社会性是人的本质属性，是人区别于动物的主要标志。人要成为一个社会人，就要不断改变自己的生物性而发展其社会性，这有赖于社会化的过程。

要准确清晰地界定“学前儿童社会教育”，我们首先应明确“社会性”和“社会性发展”这两个概念。

社会性是指人在由一个自然实体转化为社会实体的过程中，在形成自我意识、进行社会交往、内化社会规范、进行自我控制及其他社会活动时所表现出来的心理特征。

社会性发展是儿童心理发展的重要方面，是指儿童在遗传特征的基础上，在与社会生活环境相互作用的过程中，逐步掌握社会规范与社会技能，发展与其社会角色相适应的态度、价值和行为，并在此基础上形成相应的心理特征。可见，儿童社会性发展是社会适应的一个动态过程，是个体社会化的内容和结果。

学前儿童社会性发展是学前儿童在社会化过程中成为社会人的过程，突出地表现为合作性、群聚性、集体性、社交性、社会规定性的发展。这些特性的发展体现在：个体为满足自己的多种生存需要，需要和他人联合结成集体并共同进行生产以改造自然界，在此过程中，学前儿童需要学着与集体共存，学会合作、学会社交、学会分享。

学前儿童社会性发展大致可以分为两个方面：一是积极方面的发展，主要是学前儿童社会能力的发展；二是消极方面的发展，主要是学前儿童问题行为的发展，包括外显的问题行为和内隐的问题行为。

可见，学前儿童社会教育是以发展学前儿童的社会性为目的，以增进学前儿童的社会认知、激发其社会情感、引导其社会行为为主要内容的教育，其核心是做人教育。学前儿童社会领域的学习与发展过程是其社会性不断完善并奠定健全人格基础的过程。人际交往和社会适应是学前儿童社会学习的主要内容，也是其社会性发展的基本途径。

二、学前儿童社会教育的特点

活动

请扫码观看学前儿童社会教育活动，分组讨论学前儿童社会教育活动的特点。

大班社会活动：我也有本领

学前儿童社会教育具有常识性、道德性、生活性与人文性等特点。

（一）常识性

学前儿童社会教育的常识性表现在它对学前儿童适应日常生活所必需的常识性知识与内容的重视上。20 世纪 30 年代民国政府颁布的《幼稚园课程标准》就曾将“社会常识”列为一科，由此前的“自然和社会”科修改而来。我国 1981 年颁布的《幼儿园教育纲要（试行草案）》也列有“常识”一科，其内容主要包括生活常识、环境常识、自然常识、文化常识与政治常识等。当前，按照《3～6 岁儿童学习与发展指南》的要求，人际交往和社会适应是学前儿童社会学习的主要内容。通过学前儿童社会教育，学前儿童学习如何与人友好相处，学习如何看待自己、对待他人，这些都是学前儿童在日常生活中所需要了解和掌握的宽泛而又浅近的知识。

（二）道德性

学前儿童社会教育的道德性表现在它对思想品德教育内容的涵融上。思想品德教育即思想教育和道德教育的总称，是新中国儿童教育的重要内容之一。1951 年颁发的《幼儿园暂行教学纲要（草案）》指出，通过爱国主义和国民公德等教育培养幼儿的道德品质是幼儿园的一项重要任务。1956 年颁发的《幼儿园教育工作指南》进一步指出，幼儿教育的目的是进行全面发展的共产主义教育，包括德育、智育、体育几个部分，明确提出德育的任务是使年轻一代具有符合社会主义要求的道德品质。1996 年正式实行的《幼儿园工作规程》仍沿用了幼儿德育的提法。2001 年颁布的《纲要》从学前儿童学习与发展的角度，将原来的思想品德与社会常识及与学前儿童情意发展相关的内容整合为社会领域课程，学前儿童社会教育之名称亦由此而来。可见，学前儿童社会教育必然包含了思想品德教育。

（三）生活性

学前儿童社会教育的生活性表现在它对学前儿童生活的关注上。《纲要》更是明确指出，要“引导幼儿参加各种集体活动，体验与教师、同伴等共同生活的乐趣，帮助他们正确认识自己和他人，养成对他人、社会亲近、合作的态度，学习初步的人际交往技能”“在共同的生活和活动中，以多种方式引导幼儿认识、体验并理解基本的社会行为规则，学习自律和尊重他人”。可见，学前儿童社会教育是源于学前儿童生活的教育，也是为了学前儿童生活的教育。

（四）人文性

学前儿童社会教育的人文性表现在它对学前儿童人文性情的陶冶上。学前儿童社会教育的重要目标之一是让学前儿童成长为有文化、有教养、有德行的人。人文是学前儿童社会教育的重要基础内涵，人文知识是学前儿童社会教育内容的重要方面，因而人文性是学前儿童社会教育的重要特性之一。学前儿童社会教育的核心与本质就是“成人”的教育，即让学前儿童成为真正善良与智慧的人的教育，它应当通过人文知识的传授、人文精神的陶冶来实现对人性的拓展，让学前儿童成为真善美皆备的、完整的、健康的人。

三、学前儿童社会教育与其他领域教育的关系

理解并处理好学前儿童社会教育与其他领域教育的关系，是我们领会学前儿童社会教育实质，有效开展学前儿童社会教育实践的重要基础。

（一）学前儿童社会教育与健康教育的关系

健康是指人在身体、心理和社会适应方面的良好状态。按照《指南》的要求，学前儿童健康领域主要包括身心状况、动作发展、生活习惯与生活能力。因此，在社会适应方面，如具有一定的心理适应能力，能较快适应人际环境中发生的变化，并融入新的人际关系环境等，是与学前儿童社会教育具有相关性的；具有良好的生活与卫生习惯，具有基本的生活自理能力，具备基本的安全知识和自我保护能力等，也是学前儿童社会教育社会适应范畴关注的重要内容。

可以说，学前儿童健康教育是学前儿童社会教育的基础，学前儿童社会教育与健康教育相互渗透、相互促进。

（二）学前儿童社会教育与语言教育的关系

语言是儿童社会化的重要工具，借助语言，儿童才能顺利与人沟通。可见，学前儿童语言教育是学前儿童社会教育的重要基础。但从学前儿童社会教育的目的看，幼儿园教育不能止步于教会学前儿童正确与流利地表达，还要教会他们善于倾听，学

会表达真诚与善意；同时，语言的内容以及运用语言的方式也会对学前儿童社会性品格的塑造产生重要影响。

（三）学前儿童社会教育与科学教育的关系

引导学前儿童科学地认识与探究客观世界是学前儿童科学教育的重要任务，但我们探索与认识世界的目的并不仅仅是更好地利用世界，还要学会更好地保护世界，要引导学前儿童养成对待世界的仁慈之心，在亲近大自然的同时，学会爱护动植物，关心周围环境，珍惜自然资源，形成初步的环保意识。以 3 月 22 日世界水日为例，学前儿童科学教育的主要内容可以是引导学前儿童认识水资源，而学前儿童社会教育的主要内容则是引导学前儿童节约用水、保护环境。

（四）学前儿童社会教育与艺术教育的关系

艺术是人类感受美、表现美和创造美的重要形式，也是表达自己对周围世界的认识和情绪态度的独特方式。当学前儿童学会用画笔或是音乐表达出他们内心美好的体会和感受时，艺术就产生了。同样，当感受到美与善时，他们就已经接受了社会教育。与此同时，学前儿童社会教育也需要艺术化的表现方式，如通过学习歌曲《祖国祖国我们爱你》，学前儿童能够萌发热爱祖国的情感。可见，学前儿童社会教育需要艺术的支持，更需要艺术化的教育。学前儿童社会教育与艺术教育在人的发展中相辅相成。

综上所述，学前儿童社会教育在幼儿园课程体系中处于导向性地位（见图 1－2），为其他领域提供方向与价值的指引。学前儿童社会性发展水平在一定程度上影响着其他各方面能力的发挥，随着社会性能力的增强，学前儿童其他各方面的能力也可能会“水涨船高”。因为，一切教育的最终目的都是帮助学前儿童建立与世界的一种恰当关系，成长为人格健全，并有益于人类的人。

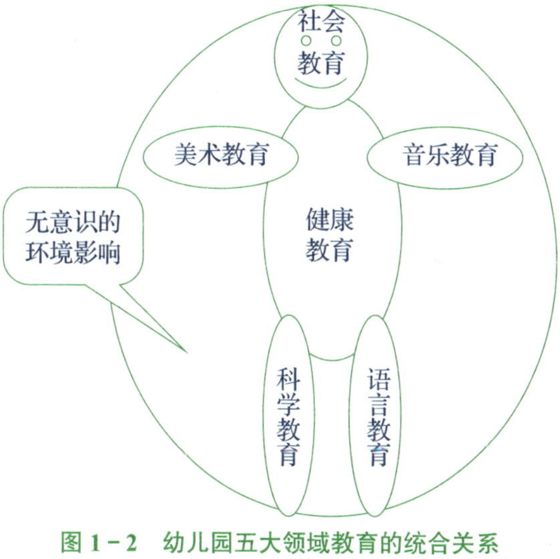

图 1－2 幼儿园五大领域教育的统合关系

资料来源：甘剑梅．学前儿童社会教育的内涵、性质与课程地位．学前教育研究，2011（1）：53-59.

学习完本任务，相信你一定可以更为准确地回答“情景导入”部分的问题。

幼儿园在重要节日开展的活动都可以纳入学前儿童社会教育范畴，因为它们都是以发展学前儿童的社会性为目的，以增进学前儿童的社会认知、激发其社会情感、引导其社会行为为主要内容的教育。与此同时，这些节日活动中也渗透着学前儿童健康教育、语言教育、科学教育和艺术教育。

学习笔记

实践训练

分享幼儿园开展的学前儿童社会教育活动。

一、实训目标

能够区分学前儿童社会教育与其他领域教育。

二、实训过程

（1）重温学前儿童社会教育的内涵。

（2）在幼儿园网站或微信公众号中搜索幼儿园开展的学前儿童社会教育活动。

（3）交流分享幼儿园网站或微信公众号中的学前儿童社会教育活动。

三、实训要求

（1）建议优先选择省级示范幼儿园网站或微信公众号。

（2）交流分享时需要阐述为什么选择的活动属于学前儿童社会教育活动。

岗课赛证测验

岗课赛证测验

学习任务完成情况评价表

评价标准	自我评价（达到打√，未达到画○）	小组评价（达到打√，未达到画○）	教师评价（达到打√，未达到画○）
能够理解学前儿童社会教育的内涵			
能够说出学前儿童社会教育的特点			
能够分析学前儿童社会教育与其他领域教育的关系			

任务三　学前儿童社会教育的意义

情景导入

幼儿园的两位教师正在进行交流，一位教师认为，学前儿童年龄太小，进行社会教育意义不大，等他们进入社会后，再开展相关教育会更好。另一位教师则认为，学前儿童社会教育可以为儿童的社会性发展奠定基础，在幼儿园工作中意义重大。

思考：你赞成哪位教师的观点？为什么？

我的回答：

任务分析

学前儿童社会教育是学前儿童全面发展教育的重要组成部分，可以促进学前儿童个性和社会性的发展，具有维持社会稳定的作用。

知识准备

名人名言

教育是国家万年根本大计。教育应当把环境的阻力化为动力。教育应当培植出活力，使学生向上长。把自己的私德健全起来，建筑起“人格长城”来。

——陶行知

教育决定着人类的今天，也决定着人类的未来。人类社会需要通过教育不断培养社会需要的人才，需要通过教育来传授已知、更新旧知、开掘新知、探索未知，从而使人们能够更好认识世界和改造世界、更好创造人类的美好未来。

——习近平

人生百年，立于幼学。学龄前期是个体社会化的起始阶段和关键时期，在环境和后天教育的影响下，在与周围人相互作用的过程中，学前儿童对人、事、物最初的情感和态度逐渐形成与发展起来。科学的学前儿童社会教育具有不可替代的重要作用。

一、学前儿童社会教育是学前儿童全面发展教育的重要组成部分

培养德智体美劳全面发展的社会主义建设者和接班人是社会主义教育事业的总方向和根本方针。促进幼儿全面发展是教育的基本使命和责任，学前教育应为造就全面发展的社会主义事业的建设者和接班人打基础、做准备。学前儿童的全面发展是指学前儿童在生理、心理、社会化、伦理、艺美方面的发展（见图 1－3），这五个方面不可偏废。只有兼顾学前儿童生理、心理、社会文化等系统的教育，才是完整的学前儿童教育。

社会化发展是学前儿童全面发展的重要组成部分，学前儿童社会教育也是学前儿童全面发展教育的重要组成部分，它主要是培养学前儿童的人际交往和社会适应能力（见图 1－4）。

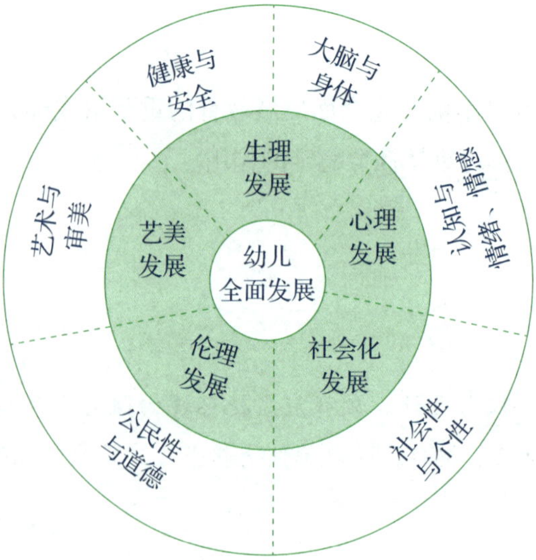

图 1－3　幼儿全面发展的“同心圆”概念框架

资料来源：朱旭东，李秀云．幼儿五大领域发展与幼儿全面发展之辩．教育发展研究，2021，41（Z2）：1-8.

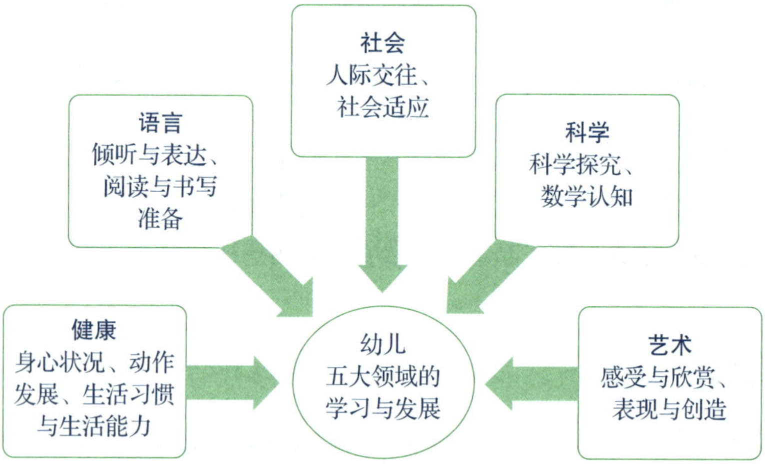

图 1－4 《指南》中幼儿五大领域发展示意图

资料来源：朱旭东，李秀云．幼儿五大领域发展与幼儿全面发展之辩．教育发展研究，2021，41（Z2）：1-8.

二、学前儿童社会教育可以促进学前儿童个性和社会性的发展

学前儿童个性是指学前儿童在与社会环境、社会文化的互动中形成和发展起来的具有相对稳定性和独特性的心理品质的总和，它是学前儿童体验世界、看待世界的态度和行为方式，是学前儿童在社会化过程中所形成的社会关系的个别存在形式。学前儿童个性发展表现为自我意识、需要、气质、性格及能力等方面的发展，其中，自我意识的发展是学前儿童个性发展中最重要的部分。学前儿童社会性是指学前儿童在社会生活环境及人际交往过程中所表现出来的比较稳定的态度和行为方式的总和。

学前儿童“镶嵌”在社会环境中，无时无刻不与社会发生着联系。因此，学前儿童个性和社会性发展是一个动态的、持续的、日益完善的过程。在这个过程中，教育因素产生着重要影响。例如，3 岁儿童刚进入幼儿园时，大多面临入园焦虑问题，随着在一日生活和游戏中与教师、同伴建立起师幼关系、同伴关系，他们能够渐渐适应集体生活，愿意参与集体活动。

综上所述，从生命全程观的角度看，学龄前期是人格塑造、品行养成的关键时期，此阶段学前儿童个性和社会性发展的状况直接关系到其未来个性和社会性发展的方向和水平。学前儿童社会教育是由社会认知、社会情感及社会行为技能三个层面的教育构成的有机整体。社会认知主要是指对自己的认知、对他人的认知、对社会环境和社会活动的认知、对社会行为规范的认知以及对社会文化的认知；社会情感主要是指依恋感、自尊感、同情心、羞愧感、是非感、爱憎感等；社会行为技能主要是指交往、分享、合作、谦让、助人等技能。在学前儿童社会教育实践中，它们是相互关联、相辅相成的统一体。学前儿童社会教育实施的效果直接决定着学前儿童个性和社会性发展的水平。

知识链接

《指南》指出，幼儿社会领域的学习与发展过程是其社会性不断完善并奠定健全人格基础的过程。幼儿在与成人和同伴交往的过程中，不仅学习如何与人友好相处，也学习如何看待自己、对待他人，不断发展适应社会生活的能力。良好的社会性发展对幼儿身心健康和其他各方面的发展都具有重要影响。

三、学前儿童社会教育具有维持社会稳定的作用

学前儿童社会教育维持社会稳定的作用主要体现在以下三个方面：

一是传递社会文化。学前儿童社会教育中包含着系统的社会文化知识和经验，学前儿童掌握了这些社会文化知识和经验，便实现了文化的代际传递。例如，在中班“过春节”主题活动中，幼儿园和家庭合作，通过给学前儿童介绍春节的来历，开展学习新年礼仪和新年习俗、学习童谣《过大年》和古诗《元日》、学唱儿歌《新年好》、玩新年亲子游戏等活动，引导学前儿童认知、体验中国传统节日，进而萌发爱国情感。

二是维系社会群体。学前儿童社会教育在传递社会文化的同时，也渗透着现行的社会准则，通过引导学前儿童掌握并遵循这些准则，可以使其在社会行为、态度倾向和价值观等方面与社会保持一致，并萌发爱父母长辈、老师和同伴以及爱集体、爱家乡、爱祖国等社会情感。

三是使个体更好地适应社会。学前儿童社会教育可以为学前儿童提供丰富的社会

性经验，引导其初步形成良好的自我意识，初步掌握基本的社会技能，进而使学前儿童更好地适应社会，同时可以帮助学前儿童形成普遍的社会性素养。

学习完本任务，相信你一定可以更为全面地回答“情景导入”部分的问题。

学前儿童社会教育无论是对学前儿童个体，还是对学前儿童群体，抑或对整个社会的发展，都具有重要的作用。社会学习是一个漫长的积累过程，需要幼儿园、家庭和社会密切合作，协调一致，共同促进学前儿童良好社会性品质的形成。

学习笔记

实践训练

分析幼儿园开展学前儿童社会教育的意义。

一、实训目标

能够理论与实践相结合，分析学前儿童社会教育的意义。

二、实训过程

（1）重温学前儿童社会教育的意义。

（2）在幼儿园网站或微信公众号中搜索幼儿园开展的社会教育活动。

（3）结合所学内容，交流分享幼儿园开展的学前儿童社会教育活动的意义。

三、实训要求

（1）建议优先选择省示范幼儿园网站或微信公众号。

（2）交流分享时需要从三个层面（全面发展教育、学前儿童个性和社会性发展、维持社会稳定）阐述学前儿童社会教育的意义。

岗课赛证测验

岗课赛证测验

学习任务完成情况评价表

评价标准	自我评价（达到打√，未达到画○）	小组评价（达到打√，未达到画○）	教师评价（达到打√，未达到画○）
能够理解学前儿童社会教育与学前儿童全面发展教育的关系			
能够举例说明学前儿童社会教育可以促进学前儿童个性和社会性的发展			
能够理解学前儿童社会教育维持社会稳定的作用			
能够结合幼儿园实践，分析学前儿童社会教育的意义			

项目小结

本项目主要包括三个任务：学前儿童社会教育发展历程，学前儿童社会教育的内涵，学前儿童社会教育的意义。

学前儿童社会教育从1904年开始萌芽，从零散、片段的思想至系统、科学的理论体系，经历了一个较为漫长的发展历程，包括初创、变革和发展三个阶段。

《幼儿园教育指导纲要（试行）》颁布后，以促进幼儿社会性发展为目标的社会领域教育正式成为幼儿园课程的重要组成部分。它与健康、语言、科学、艺术领域既有区别，又有联系，它们共同构成幼儿园的教育内容。

学前儿童社会教育是以发展学前儿童的社会性为目的，以增进学前儿童的社会认知、激发其社会情感、引导其社会行为为主要内容的教育，其核心是做人教育。学前儿童社会教育是学前儿童全面发展教育的重要组成部分，可以促进学前儿童个性和社会性的发展，具有维持社会稳定的作用。

项目二

学前儿童社会教育活动设计与实施

学前儿童社会教育活动设计是指幼儿教师为有效实现学习目标而预先对教学过程进行的思考，是幼儿教师依据一定的教育思想和自己对学前儿童社会教育的理解，以科学的方式对某个社会领域内容的目标、过程进行规划、安排和设想，组成一个合理的结构，使活动得以运行的程式。它是教师实施学前儿童社会教育的基本准备。学前儿童社会教育的实施是指教师根据学前儿童社会教育活动的方案，采用多种方法、多种途径，开展学前儿童社会教育活动的过程。

学习目标

1. 掌握学前儿童社会教育的目标体系，并能够说出各个目标的含义和内容；
2. 理解学前儿童社会教育活动设计与实施的原则；
3. 掌握学前儿童社会教育的内容；
4. 能够采用多种途径和方法开展学前儿童社会教育；
5. 学会撰写学前儿童社会教育活动教案；
6. 树立正确的教师观，将“立德树人”理念贯穿于教育教学全过程。

学习内容

项目二导学

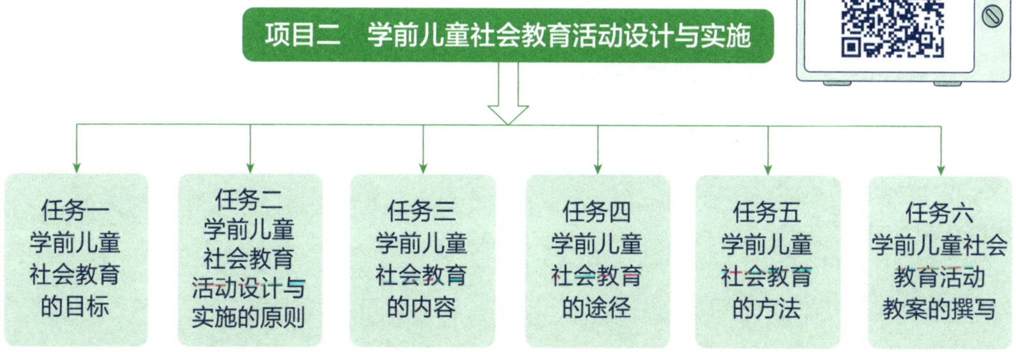

任务一 学前儿童社会教育的目标

情景导入

重阳节又称“老人节”，为每年的农历九月初九。每逢重阳节，幼儿园都会开展丰富多彩的重阳节主题教育活动，如了解重阳节的来历、习俗，学唱《中华孝道》，用实际行动表达对老人的爱等。

思考：幼儿园为什么要结合重阳节等传统节日，开展系列主题活动呢？其要达到的目标是什么？

我的回答：

任务分析

幼儿园结合传统节日开展的系列主题活动属于学前儿童社会教育活动。《幼儿园教育指导纲要（试行）》提出了学前儿童社会教育的五个总目标，这五个总目标也是设计和实施学前儿童社会教育的基本遵循。

知识准备

名人名言

对于儿童，做父母，做教师的责任，便是如何教导他们，使之成为健康活泼，有丰富知识、有政治觉悟和良好体现的现代中国儿童，现代中国人。

——陈鹤琴

在教学设计过程中，最为关键的工作或许就是确定教学目的，如果没有准确的教学目标，教学设计者会冒这样的风险：基于根本不存在的需要去进行教学。

——迪克

学前儿童社会教育目标是一个由多种内容构成的、多层次的体系，包括学前儿童社会教育总目标、年龄阶段目标、单元目标和活动目标。

一、学前儿童社会教育总目标

学前儿童社会教育总目标是学前儿童社会教育的最终目的，是制定其他目标的重要依据。《纲要》明确提出了幼儿园社会教育领域的总目标，总目标主要表明了该领域重点追求什么，即它主要的价值取向何在。以下为《纲要》中提出的幼儿园社会领域的五个目标：

（1）能主动地参与各项活动，有自信心。

（2）乐意与人交往，学习互助、合作和分享，有同情心。

（3）理解并遵守日常生活中基本的社会行为规则。

（4）能努力做好力所能及的事，不怕困难，有初步的责任感。

（5）爱父母长辈、老师和同伴，爱集体、爱家乡、爱祖国。

《纲要》中的学前儿童社会教育总目标，反映了以幼儿为本的价值取向、以幼儿情感性发展为基础的目标导向，以及以社会关系建构为维度的内容取向。

活动

请查阅《幼儿园教育指导纲要（试行）》，对学前儿童社会教育总目标与学前儿童健康教育、语言教育、科学教育、艺术教育的总目标进行比较。

我的发现：

课程思政

坚持立德树人根本任务，办好人民满意的教育

当前，世界百年未有之大变局加速演进，中华民族伟大复兴进入不可逆转的历史进程。在新的起点上，教育工作要深入贯彻习近平总书记关于教育的重要论述，全面落实党的教育方针，坚持为党育人、为国育才，遵循教育规律和人才成长规律，顺应社会主要矛盾的变化，以高质量发展为主线，以深化教育改革为动力，以凝聚人心、完善人格、开发人力、培育人才、造福人民为目标，健全学校、家庭、社会育人机制，培养德智体美劳全面发展的社会主义建设者和接班人，加快建设教育强国、办好人民满意的教育。

坚持立德树人的根本任务。习近平总书记强调，“我国是中国共产党领导的社会主义国家，这就决定了我们的教育必须把培养社会主义建设者和接班人作为根本任务，培养一代又一代拥护中国共产党领导和我国社会主义制度、立志为中国特色社会主义奋斗终身的有用人才”。培养什么人，是教育的首要问题。这是思考和谋划教育工作的逻辑起点，也是丝毫不能偏离的政治方向。青少年是价值观形成和塑造的关键时期，党的教育方针始终强调德育为先。要从学生身心特点和思想实际出发，持续深化思想政治理论课改革创新，用习近平新时代

中国特色社会主义思想铸魂育人，推进思政课程和课程思政同向同行，把思想政治教育"小课堂"与社会"大课堂"贯通起来，提高思想政治教育的亲和力和针对性。人才培养是育人和育才相统一的过程，教师传授给学生的不仅是知识，更重要的是价值观塑造、能力锻造、人格养成。教育无论发展到什么程度，第一位的都是立德树人，引导学生树立正确的世界观、人生观、价值观，教会学生有能力、有责任、有爱心，全面发展、学有所长，培养出党和国家需要、对社会有用的人。

资料来源：孙春兰．办好人民满意的教育［N］．人民日报，2022-11-09（6）．

二、学前儿童社会教育年龄阶段目标

年龄阶段目标是对学前儿童在一定年龄阶段应达到的教育效果的期望描述，它是根据学前儿童社会教育总目标确立、按学前儿童年龄阶段划分的，反映了学前儿童社会教育各年龄阶段之间的连续性和衔接性。

从年龄阶段看，学前儿童一般划分为 3 ～ 4 岁（小班）、4 ～ 5 岁（中班）、5 ～ 6 岁（大班）三个年龄段。《3 ～ 6 岁儿童学习与发展指南》对学前儿童社会教育的年龄阶段目标进行了详细描述，包括人际交往方面和社会适应方面的年龄阶段目标。这些目标是对各个年龄段末期学前儿童应该知道什么、能做什么、大致可以达到什么发展水平提出的合理期望，指明了学前儿童社会学习与发展的具体方向。

在人际交往方面，主要包括四个目标：愿意与人交往；能与同伴友好相处；具有自尊、自信、自主的表现；关心尊重他人。在社会适应方面，主要包括三个目标：喜欢并适应群体生活；遵守基本的行为规范；具有初步的归属感。

以"人际交往"部分的"目标 1　愿意与人交往"为例，《指南》提出的年龄阶段目标见表 2－1。

表 2－1　目标 1　愿意与人交往

3 ～ 4 岁	4 ～ 5 岁	5 ～ 6 岁
1. 愿意和小朋友一起游戏 2. 愿意与熟悉的长辈一起活动	1. 喜欢和小朋友一起游戏，有经常一起玩的小伙伴 2. 喜欢和长辈交谈，有事愿意告诉长辈	1. 有自己的好朋友，也喜欢结交新朋友 2. 有问题愿意向别人请教 3. 有高兴的或有趣的事愿意与大家分享

通过学习上面的年龄阶段目标，我们可以看到，学前儿童在人际交往方面的发展存在年龄差异性和连续性，我们需要以此为依据，设计单元目标和具体的活动目标。

活动

请查阅《3～6岁儿童学习与发展指南》社会部分，选择一个目标与班级同学进行分享，谈一谈这个目标的内容是如何体现学前儿童社会教育各年龄阶段之间的连续性和衔接性的。

我的发现：

三、学前儿童社会教育单元目标和活动目标

单元目标是指在幼儿园社会教育实践中，某一主题或某一项目的目标。它是在总目标和年龄阶段目标的基础上，通过一系列教育活动要达到的教育效果。

活动目标是指在幼儿园社会教育实践中，某一个具体的学前儿童社会教育活动要达成的目标，是对单元目标的落实。

单元目标和活动目标可以结合《3～6岁儿童学习与发展指南》中提出的各个年龄段的关键经验加以确立，如3～4岁儿童在“愿意与人交往”方面的关键经验为“愿意和小朋友一起游戏”和“愿意与熟悉的长辈一起活动”。

对点案例

小班（下）

主题一　我爱我家

次主题一　亲密一家人

教学活动

教学活动一　我家有几口

活动目标：

（1）熟悉歌曲的旋律和歌词，学习说唱结合的演唱形式。

（2）尝试向大家介绍自己的家人，感受爸爸妈妈对自己的爱。

教学活动二　开心妈妈（半日活动）

活动目标：

（1）了解妈妈的喜好和为自己付出的辛劳，感受妈妈对自己的爱。

（2）尝试学习关心妈妈，用多种材料为妈妈制作一串项链。

教学活动三　睡吧，布娃娃

活动目标：

（1）感受摇篮曲柔和、宁静的音乐气氛，并尝试用动作表达自己对乐曲的理解。

（2）感受爸爸妈妈给予的浓浓爱意。

教学活动四　大力士爸爸

活动目标：

（1）理解散文诗的内容，体会和爸爸在一起的愉快、甜蜜和安全感。

（2）增进父子（女）间的亲情，学习如何与爸爸亲热地玩耍。

教学活动五　祖孙乐

活动目标：

（1）了解家庭中祖辈的称谓和关系。

（2）理解故事内容，知道要像小兔一样尊重、关心长辈。

区域活动

美工区　做面具

活动目标：能画出自己的典型特征，并在教师帮助下做成面具。

阅读区　暖暖的爱

活动目标：理解画面内容，体验故事中传递的浓浓爱意。

角色区　我当爸爸妈妈

活动目标：

（1）知道自己的角色身份及在“娃娃家”的职责。

（2）体验家庭的温暖、快乐。

（3）尝试向大家介绍自己的家人，感受爸爸妈妈对自己的爱。

次主题二　欢迎来我家

教学活动

教学活动一　我的家

活动目标：

（1）了解家里的家具、家用电器等基本生活用品和主要房间的构成，喜欢自己的家。

（2）能正确辨别里、外、前、后等方位。

教学活动二　小主人和小客人

活动目标：

（1）理解故事内容，了解故事中的小猴是怎么招待客人的。

（2）尝试表演有礼貌地待客和做客的基本礼仪。

教学活动三　洗衣机转转转

活动目标：

（1）初步熟悉音乐的旋律，能用有节奏的走和扭等身体动作表现洗衣机工作的状态。

（2）乐意参与活动，并能快乐地与同伴合作玩游戏。

教学活动四　彩色房子

活动目标：

（1）能与同伴合作，使用大刷子均匀涂色。

（2）感受色彩美，体验与同伴合作刷“房子”的快乐。

区域活动

表演区　小猴请客

活动目标：在故事表演中，能正确使用礼貌用语。

角色区　拜访朋友

活动目标：进一步巩固做客、待客的礼仪。

次主题三　家庭总动员

教学活动

教学活动一　给妈妈过生日

活动目标：

（1）能有感情地跟诵儿歌，感受欢乐、融洽的家庭氛围。

（2）愿意为家人做一些力所能及的事情。

教学活动二　喜欢和你在一起

活动目标：

（1）学习使用“我最喜欢和……在一起……”的句式，分享和家人一起活动的经验。

（2）愿意并能安静地倾听同伴说话。

教学活动三　小帮手

活动目标：

（1）能将成对或相关的物品进行匹配。

（2）初步养成将物品及时归位的好习惯，体验帮家人做事带来的快乐。

教学活动四　亲亲热热在一起

活动目标：

（1）初步尝试说唱结合的演唱方式，能在教师的带领下演唱歌曲。

（2）体验一家人亲亲热热在一起的幸福感。

区域活动

表演区　我有一个幸福的家

活动目标：能跟随音乐进行朗诵，萌发爱家人的情感。

阅读区　小熊醒来吧

活动目标：

（1）理解故事内容，学说故事中的对话。

（2）感受小熊和妈妈之间的感情，体会母子间的爱和默契感。

资料来源：方明，丁海东．山东省幼儿园课程指导教师用书：小班・下［M］．济南：明天出版社，2018：1-34.

学习完本任务，相信你一定可以更为深入地回答“情景导入”部分的问题。

学前儿童社会教育目标既有总目标、年龄阶段目标，又有单元目标和活动目标。“情景导入”部分的主题教育活动，主要是为了实现学前儿童社会教育总目标中的“爱父母长辈、老师和同伴，爱集体、爱家乡、爱祖国”。

学习笔记

实践训练

绘制学前儿童社会教育目标思维导图。

一、实训目标

能够牢固掌握学前儿童社会教育目标体系。

二、实训过程

（1）回顾已学知识。

（2）采用合适的形式绘制学前儿童社会教育目标思维导图。

（3）交流分享。

三、实训要求

（1）按照“总目标—年龄阶段目标—单元目标和活动目标”的思路，绘制思维导图。

（2）选择合适的思维导图模板。

（3）交流分享时语言表述清晰。

岗课赛证测验

岗课赛证测验

学习任务完成情况评价表

评价标准	自我评价（达到打√，未达到画○）	小组评价（达到打√，未达到画○）	教师评价（达到打√，未达到画○）
能够说出学前儿童社会教育总目标			
能够明晰学前儿童社会教育年龄阶段目标			
能够撰写学前儿童社会教育单元目标和活动目标			
能够绘制学前儿童社会教育目标思维导图			

任务二　学前儿童社会教育活动设计与实施的原则

情景导入

幼儿园里，范老师给幼儿们讲述了“孔融让梨”的故事，教导幼儿要学会谦让。活动开展后范老师发现，幼儿在班里的谦让行为有所增加，尤其是欢欢，每次拿水果都是最后一个拿，说要把好吃的留给其他小朋友。范老师把这个现象告诉了欢欢妈妈，可欢欢妈妈却告诉范老师：“在家里，欢欢每天都霸占着电视机遥控器，全家人都必须跟他一起看动画片。如果想换台看别的，欢欢就会大哭大闹。”范老师陷入了沉思。

思考：为什么欢欢会出现在幼儿园中和在家中行为不一致的情况呢？

我的回答：

任务分析

在日常生活中，我们经常会发现学前儿童在幼儿园中和在家庭中表现不一致的现象。在学前儿童社会教育中应重视家园合作，一致性地要求学前儿童，使其在不同场域的表现一致，这就是学前儿童社会教育活动设计与实施的“一致性原则”。除一致性原则外，学前儿童社会教育活动的设计与实施还需要遵循目标性原则、主体性原则、渗透性原则、实践性原则、强化性原则。

知识准备

名人名言

幼稚园的课程，须根据于儿童自己直接的经验。这种经验，自然比传授式的不经济，而且没有传授式的整齐。但儿童从自己直接的生活发现学习的动机，是非凡的自然。

——张雪门

儿童需要管教和指导是真的，但是如果他们时时刻刻和处处事事都在管教和指导之下，是不大可能学会自制和自我指导的。

——林格伦

学前儿童社会教育活动设计与实施的原则既是相对的，又是紧密联系、相互影响、相互渗透的。幼儿教师必须从理论上掌握各项原则的精神实质，在幼教实际工作中灵活运用、综合把握，才能提高学前儿童社会教育的效果。

一、目标性原则

学前儿童社会教育的目标是学前儿童社会教育的出发点和归宿。

一方面，在学前儿童社会教育的过程中，活动内容、活动过程、活动延伸等都需要紧紧围绕学前儿童社会教育的总目标、年龄阶段目标、单元目标和活动目标确定和展开。在设计与实施学前儿童社会教育活动时，幼儿教师一定要有强烈的目标意识，要做到“心中有目标，处处体现目标”。

另一方面，幼儿教师在日常活动中，要制定具体且合理的目标。如“培养幼儿关心他人的品质”，这样的目标就比较空洞，很难落到实处，不具有可操作性，可调整为“知道应该关心和帮助有困难的人”。

对点案例

在大班社会活动“交通安全伴我行”中，幼儿教师对该活动的设计意图表述如下：

《3～6岁儿童学习与发展指南》指出，要“结合社会生活实际，帮助幼儿了解基本行为规则或其他游戏规则，体会规则的重要性，学习自觉遵守规则”。交通安全与幼儿生活息息相关，交通规则是幼儿成长过程中必须掌握的社会经验。

随着社会经验的不断发展，大班年龄阶段的幼儿对交通安全方面的常识有了一定的认识，很想尝试独自过马路、独自活动。但是，“安全无小事”，他们对交通规则的了解终究有限，对不遵守交通规则造成的危害也知之甚少，缺乏基本的防范意识和应对能力，容易受到意外伤害。因此，针对此阶段幼儿活泼好动、好奇心强、模仿力强、乐于参与、喜欢探究的特点，我在游戏和日常生活中开展此次活动，承接幼儿直接经验进行交通安全教育。按照“情境感知—情感体验—操作参与”主线，通过层层递进的游戏活动，让幼儿懂得交通安全标志与人们生活的密切关系，养成安全出行的自觉意识，提高自我防护能力。

资料来源：李顺玉．交通安全伴我行：大班社会活动［J］．山东教育，2022（37）：45-46.

二、主体性原则

学前儿童是有主观能动性的个体，在设计与实施学前儿童社会教育活动时，一定要充分尊重学前儿童的主体性，尽可能把教育内容设计成各种自主性活动。教师要为学前儿童创设活动的空间，如提供活动的材料、布置环境等；要给学前儿童提供自主活动的机会和时间，让他们主动体验、观察、操作以获得社会认知，形成社会情感和社会行为；还要为学前儿童提供适当的指导以提高他们的活动水平，如在他们遇到困难需要帮助时给予指导；还可以根据学前儿童的活动水平，向部分学前儿童提出一些更高的社会活动要求，激发他们更高、更多的社会活动需要，不断提高他们的主动活动水平。

对点案例

在大班社会活动“交通安全伴我行”中，幼儿教师的活动准备如下：

（1）经验准备：请家长和幼儿填写“交通安全伴我行”调查问卷，让幼儿了解简单的交通安全知识。

（2）物质准备：课件、视频、地面游戏教具（飞行旗模板、红色与蓝色骰子各一个、红色与蓝色帽子各一个）、场景纠错操作图、表演道具。

活动过程如下：

（一）游戏激趣，体会交通要领

1. 导入：律动游戏“我是小司机”

师：孩子们，今天我们来玩一个“我是小司机”的游戏。作为一名合格的小司机，在马路上应该怎样行驶，并注意些什么呢？

2. 激趣：信号模拟游戏“小汽车跑起来”

师：孩子们，今天就让我们一起开上自己的小汽车，到热闹的马路上逛一逛吧。小司机们，准备好了吗？出发！

利用多媒体制作动态信号指示，配合地面标识，让幼儿模仿司机进行开汽车游戏。

3. 互动：根据信号灯和地面标识进行游戏

师：小司机们，注意信号灯和地面标识，做个文明的小司机。

利用多媒体与地面教具的配合，让幼儿参与红绿灯信号模拟游戏。

（评析：现代多媒体的有效运用，可以让幼儿在活动中与屏幕动态导图、地面标识有效链接，在模拟行进的过程中感受到交通的秩序感和活动的游戏感。）

（二）场景模拟，领会交通规则

情境描述：热闹的马路上，红绿灯失去了作用，各种车辆因为没有信号灯的指挥而发生了严重的拥堵，人们横穿马路、车辆逆向行驶和不按地面标识行驶、车辆穿插等问题出现。

师：发生了什么事情？

师：为什么发生了这样的事情？有什么好办法可以解决呢？谁来试一试？

通过交警、红绿灯、按车道行驶、不乱停乱放、行人走斑马线等场景图进行问题创设，引发幼儿思考，针对发现的问题在现场利用教具模拟操作并加以解决。

师：在小朋友们的共同努力下，马路上很快就恢复了秩序。

（三）合作表演，感受交警的辛苦

1. 观看视频《最可爱的人》，了解交警的辛勤工作

师：拥堵的马路上又变得通畅有序了，这离不开小朋友们的帮助，更离不开交警叔叔的辛勤付出，他们是马路上最可爱的人！交警叔叔本领大，你知道他们都做了哪些工作吗？让我们观看视频《最可爱的人》，进一步了解交警叔叔以及他们的工作。

2. 引发探讨，使幼儿萌发对交警的崇敬之情

师：孩子们，在视频中你都看到了什么？想对他们说点什么？

3. 模拟游戏，体验交警工作，感受表演的乐趣

师：我们今天也来做小交警，体验一下交警叔叔平时的工作，让我们装扮起来吧！

引导幼儿通过自主选择角色，合作表演不同的情境游戏，如查酒驾、扶老人过马路、用简单的交通手势指挥交通等，体验交警的日常工作，并感受表演带来的乐趣。

（四）分组体验，感知交通常识

师：孩子们，你们自由组队，分为两组，我们一起玩一个“安全飞行棋”的游戏吧！

游戏规则：小朋友们分成红、蓝两队，每队派一名小朋友做棋子，其余小朋友站在相应的位置轮流掷骰子，并回答相关问题，最先到达终点的队伍获胜。

活动延伸如下：

小手拉大手，交通规则共遵守

师：孩子们，让我们争当“小小交通宣传员”，一起把知道的交通规则告诉身边更多的人吧！

幼儿领取“小小交通宣传员”标志，将遵守交通规则的宣传海报发放给身边的人，倡导大家一起遵守交通法规。

资料来源：李顺玉．交通安全伴我行：大班社会活动［J］．山东教育，2022（37）：45-46.

活动评析

本次活动的各个环节都充分体现了对学前儿童主体性的尊重，如活动前请家长和学前儿童填写“交通安全伴我行”调查问卷，活动中通过游戏体验、场景模拟、合作表演、分组体验等方式，引导学前儿童了解和遵守交通规则，活动后通过争当“小小交通宣传员”，赋予学前儿童“小小交通宣传员”的身份，使其带着满满的使命感，从自我做起，并调动周围的人一起，共同遵守交通规则。

三、渗透性原则

社会领域的教育应具有潜移默化的特点，学前儿童社会态度和社会情感的培养应渗透在多种活动和一日生活的各个环节之中，要创设一个能使学前儿童感受到接纳、关爱和支持的良好环境，避免单一呆板的言语说教。

（一）渗透到各领域中

学前儿童社会教育属于幼儿园领域教育的一部分，可以将该领域的教育目标渗透到其他领域中去，如要培养孩子谦让的品质，可以渗透到艺术领域中学唱歌曲《分果果》，也可以渗透到语言领域中学讲“孔融让梨”的故事等。

（二）渗透到游戏中

幼儿教师应该设计一些与社会教育内容相关的游戏活动，引导学前儿童在愉快、自然的氛围中进行社会学习。如在角色游戏中，学前儿童可学习根据角色的社会行为来调节自己的行为，处理角色间的人际关系；在结构游戏中，学前儿童可养成认真仔细、不怕困难、团结协作的品质。

（三）渗透到一日生活中

幼儿教师要善于发现日常生活中进行社会教育的契机，及时进行社会教育。如发现学前儿童有争抢玩具的现象，可以随机进行教育，培养学前儿童分享的品质。在幼儿园的一日生活中有很多可以渗透社会教育的环节。比如在户外活动中，玩拍球游戏时，可以要求学前儿童站在地面上的方形图案或圆形图案里面拍，引导学前儿童认识形状；在饮水的时候，让学前儿童拿标有自己学号的杯子喝水，引导学前儿童认识数字；在出操的时候，引导学前儿童排队依次走；等等。

（四）渗透到家庭教育中

幼儿教师对学前儿童进行社会教育的时间有限，在学前儿童社会教育中，仅仅依靠幼儿教师的力量是不够的，还要依靠学前儿童家长的配合。幼儿教师要向家长宣传学前儿童在幼儿园的社会学习内容和成果及一些恰当的社会教育方法，实现家园配合。

对点案例

某幼儿园在中班下学期开展了主题活动“我的家乡”，将学前儿童社会教育渗透到各领域教育、游戏活动、一日生活和家庭教育中，其开展的部分活动如下所示。

主题：我的家乡

次主题一　风光美

教学活动

教学活动一　家乡真美

教学活动二　泰山高又高

教学活动三　一起去爬山

教学活动四　郊游

教学活动五　孔子的家乡

区域活动

美工区

（一）美丽的桥

（二）家乡的夜景

益智区

（一）翻翻乐

（二）旅游旗

表演区

蛐蛐与蝈蝈

阅读区

（一）我的家乡美如画

（二）所见

（三）孔子拜师

（四）安全旅游

角色区

山东一日游

建构区

我设计的桥

户外体育

（一）勇敢过桥

（二）赤橙黄绿青蓝紫

（三）立交桥和独木桥

环境创设

（1）收集有关山东省风景名胜的传说、图片、录像等资料，布置“我的家乡风景好”主题墙。

（2）提供有关泰山、“三孔”（孔府、孔庙、孔林）、儒家五圣（孔子、颜回、曾子、子思、孟子）的图片及相关资料，在阅读区提供关于孔子拜师、“六艺”（礼、乐、射、御、书、数）、孟母三迁等的图画书，供幼儿阅读，增进幼儿对山东文化的了解和兴趣。

（3）收集不同年代、不同造型的楼房和桥梁的图片，布置在美工区和建构区。

（4）将幼儿生活的小区（乡镇）或本地区的风景图片或幼儿的相关绘画作品布置成展板，供幼儿交流、欣赏。

生活活动

外出旅游时能注意安全，遇到危险时能主动求救，了解基本的安全知识。

家园共育

（1）请家长收集全家外出旅游的照片，供幼儿欣赏和相互交流。

（2）请家长利用节假日带领幼儿外出游玩，向幼儿介绍家乡的名胜古迹及家乡的变化。

（3）带幼儿外出或在去幼儿园的路上，请家长引导幼儿观察自己家周围的景物，并向幼儿介绍其名称及特点。

（4）请家长给幼儿介绍一些山东文化名人，如舜帝、孔子、鲁班、王羲之、李清照等，让幼儿简单了解他们的故事或作品。

资料来源：方明，向海英．山东省幼儿园课程指导教师用书：中班・下［M］．济南：明天出版社，2018：181-198.

四、实践性原则

学前儿童的社会学习要通过实践才能内化。《纲要》指出，要引导幼儿参加各种集体活动，体验与教师、同伴等共同生活的乐趣；要提供自由活动的机会，支持幼儿自主地选择、计划活动，鼓励他们通过多方面的努力解决问题。如当我们要引导学前儿童记住“红灯停、绿灯行”的交通规则时，必须让学前儿童在成人的带领下亲自过一过马路，体验红、绿灯亮时自己应该做出的行为。

贯彻实践性原则应该做到两点：一是教给学前儿童具体的行为方式；二是组织学前儿童参加多种实践活动。

对点案例

某幼儿园在“有趣的皮影戏”项目活动中，采用了以下实践方式：

（1）搭建戏台。

1）根据前期观看的皮影戏表演，绘制戏台设计图。

2）按照幼儿的设计图，分组使用桌子、积木、报纸、PVC管搭建戏台。

3）装饰美化戏台。

（2）制作皮影。

1）画稿。

2）剪裁。

3）连接。

（3）灯光调试。

（4）演绎皮影。

五、强化性原则

强化性原则是指幼儿教师在学前儿童社会教育中，通过言语、动作或表情等方式，对学前儿童的社会行为给予肯定或否定的评价，使之增强、巩固或削弱、消除，以帮助学前儿童养成良好的行为习惯。

贯彻强化性原则应做到以下几点。

（一）采取明确、适宜的强化方式

当学前儿童出现良好的社会行为时，幼儿教师要明确地对他们表示肯定、赞同；当学前儿童出现不良的社会行为时，教师要明确地对其表示不满，甚至可以批评他们，但要讲究批评的艺术，使学前儿童易于接受。

经典故事

陶行知先生“四颗糖的故事”

有一个男生用泥块砸自己班上的其他男生，校长陶行知发现并制止后，要求他放学时到校长室去。放学后，陶行知来到校长室，男生早已等着挨训了。可是陶行知却笑着掏出一颗糖果送给他，说："这是奖给你的，因为你按时来到这里，而我却迟到了。"男生接过糖果。随后陶行知又高兴地掏出第二颗糖果放到他的手里，说："这是奖励你的，因为我不让你打人时，你立即住手了，这说明你很尊重我，我应该奖励你。"男生惊讶地看着陶行知。这时陶行知又掏出第三颗糖果塞到男生手里，说："我调查过了，你用泥块砸那些男生，是因为他们欺负女生。你砸他们说明你很正直善良，且有跟坏人做斗争的勇气，应该奖励你啊！"男生感动极了，他流着眼泪后悔地说道："陶校长，我错了，我砸的不是坏人，而是同学……"陶行知满意地笑了，他随即掏出第四颗糖果递过来，说："为你正确地认识到自己的错误，我再奖给你一块糖果，我没有多余的糖果了，我们的谈话也可以结束了。"

（二）激发学前儿童的内在动机

强化不是为了让学前儿童做出某种特定的行为，而是重在激发学前儿童的内在动机。如对学前儿童进行肯定时，教师不宜经常采用物质奖励等外部强化手段（如小玩具等），这容易使学前儿童为了获得某种物质奖励而去做出某种特定的行为。

教师应多采用身体动作、语言等方式强化学前儿童的良好社会行为，如点头、微笑、抚摸等，这样更能打动学前儿童的内心，可使学前儿童为了获得某种行为带来的愉快体验而再次做出该行为。

（三）做到及时强化

研究结果表明，倘若教师做出反应与学前儿童的行为间隔的时间太长，强化的效果就会降低，甚至对学前儿童没有太大影响。因此，幼儿教师应及时强化学前儿童良好的社会行为。如活动室的地板上有一片小纸屑，学前儿童主动地把纸屑捡起来，放到垃圾桶内。这时教师就可以及时对这一良好的社会行为进行正面强化："你的卫生意识真好！小朋友们都看到啦，你主动地把地上的纸屑扔到垃圾桶里了，表扬你！"

拓展阅读

孩子从生活中学到什么

如果孩子生活在批评中，他们将学会指责。
如果孩子生活在敌意中，他们将学会争斗。
如果孩子生活在恐惧中，他们将学会担忧。
如果孩子生活在遗憾中，他们将学会自怜。
如果孩子生活在嘲笑中，他们将学会畏缩。
如果孩子生活在猜忌中，他们将学会嫉妒。

如果孩子生活在羞辱中，他们将学会自责。

如果孩子生活在鼓励中，他们将学会自信。

如果孩子生活在宽容中，他们将学会耐心。

如果孩子生活在赞美中，他们将学会感激。

如果孩子生活在认同中，他们将学会去爱。

如果孩子生活在肯定中，他们将学会自爱。

如果孩子生活在认可中，他们将拥有目标。

如果孩子生活在分享中，他们将学会慷慨。

如果孩子生活在诚实中，他们将学会正直。

如果孩子生活在公平中，他们将学会正义。

如果孩子生活在友爱和体贴中，他们将学会尊重。

如果孩子生活在安全中，他们将学会信赖自己和他人。

如果孩子生活在友善中，他们将知道世界是居住的乐土。

资料来源：多萝西·劳·诺特，雷切尔·哈里. 孩子从生活中学到什么 [M]. 李耘，译. 海口：南海出版公司，2008.

六、一致性原则

一致性原则是指在学前儿童的社会教育过程中，教育者应有目的、有计划地对来自各方面的教育影响加以组织和调节，使其互相配合、协调一致，使学前儿童的社会性品质按培养目标健康发展。

要想促进学前儿童社会性的良好发展，幼儿教师、其他工作者，以及学前儿童的父母、长辈、同伴等多种影响者，必须统一地发挥作用，形成教育合力，给学前儿童一致的影响，从而达到一致的目标。

贯彻一致性原则应做到以下几点。

（一）幼儿教师要保持教育态度的高度一致性

1. 教育要求前后要一致

幼儿教师的要求假若前后不能保持一致，就会使学前儿童无所适从；同时，学前儿童的正确行为得不到强化，消极行为得不到抑制，他们可能会觉得教师的要求可以遵循，也可以不遵循，这样他们就很难形成良好的社会行为。

2. 言行要一致

假若幼儿教师说的和做的不一致，就会产生不良的教育效果。比如，当幼儿教师表扬某一儿童时脸上没有一点喜爱的表情，或当教师批评某一儿童的时候自己却忍不住笑了，等等，这些都会削弱甚至抵消教育效果。再如，教师要求儿童相互帮助、相互合作、相互谦让等，但当儿童表现出这些行为时却视而不见，不给予任何表扬、肯定、赞扬等评价，这也是教师言行不一的表现。因此，教师在教育学前儿童时既要言教，又要身教，更要言行一致，这样才能促进学前儿童良好社会性品质的形成。正如孔子所言："其身正，不令而行，其身不正，虽令不从。"

（二）统一幼儿园内部多方面的教育力量

幼儿园的领导、教师及其他工作人员，应组成一个坚强的集体，按照统一的目标，分工合作、互相配合，开展社会教育活动，步调一致地确保社会教育工作顺利进行。这是因为，在幼儿园工作的所有人员，他们会形成一个小环境，潜移默化地影响学前儿童。假若有些成人重视学前儿童社会性的培养，而另一些则不重视或不积极配合，甚至有些人在与学前儿童的交往中或对学前儿童的教育中给予其消极的、相反的影响，就会严重影响学前儿童良好社会性品质的形成。

需要强调的是，幼儿园在制定整体发展规划，确定目标、工作重心时，应与各年龄班幼儿教师对学前儿童的教育培养上下一致。

（三）统一社会各方面的教育影响

家庭、幼儿园和社会在对学前儿童进行社会教育时，要步调一致、相互协调。如果来自各方面的教育力量对学前儿童的要求各有差异，甚至相互矛盾，那么教育作用就会相互抵消，造成学前儿童思想上的混乱和行为上的矛盾，致使学前儿童是非不清、无所适从、不知所措，更严重者会形成双重人格。

例如，在幼儿园中，幼儿教师会对学前儿童的分享、合作、谦让、自制等方面进行大量的教育与指导，但是一些家长却教孩子在幼儿园里想玩什么就拿什么，可以独占玩具；在幼儿园里，幼儿教师会对学前儿童进行友爱、善良的教育，而有的家长却让孩子不能示弱、吃亏，"他打你，你就打他。"类似这些家园不一致的现象，在相当大程度上会削弱乃至抵消幼儿教师在学前儿童社会性发展上所做出的努力，使教师的教育培养起不到应有的积极作用。因此，家庭与幼儿园的联系要制度化、经常化，家长、幼儿园、社会要对学前儿童提出一致的教育要求，通过相互配合起到统一、互补、互促、互进的作用。

家庭教育是起始，幼儿园是中坚，社会教育是统一整合，家庭、幼儿园、社会协同育人，才能使学前儿童社会教育的效果最大化。可通过家长会、家庭教育讲座、社会活动、家园同乐、开放日、定期走访等形式，密切幼儿园与社会、家庭的联系，共同探讨促进学前儿童社会性发展的教育方法，逐步形成幼儿园、家庭和社会三结合的教育网络，共同培养学前儿童的优良社会品格。

对点案例

在某幼儿园开展的“快乐宝贝”主题活动中，除“好朋友生病了”等教学活动外，教师们还开展了家园共育，具体如下：

（1）请家长在家中关注幼儿的情绪变化，鼓励幼儿讲述一些自己和朋友之间的事情，说出自己的情绪、感受。

（2）请家长在家中给幼儿讲自己和朋友之间相互关心、帮助的故事，谈谈有哪些方法可以让自己的好朋友高兴、开心。

（3）帮助幼儿准备一个有趣的游戏，到幼儿园和好朋友一起玩。

学习完本任务，相信你一定可以更为深入地回答“情景导入”部分的问题。

在学前儿童社会教育活动设计与实施过程中，需要遵循一致性原则。幼儿园中开展的“孔融让梨”故事教育活动，让学前儿童记住了“我们要谦让”的道理，但如果不做好家园社协同育人，幼儿园的社会教育效果就会大打折扣。

学习笔记

实践训练

贯彻落实学前儿童社会教育活动设计与实施的原则。

一、实训目标

通过模拟设计与实施学前儿童社会教育活动，加深对学前儿童社会教育活动设计与实施原则的认识。

二、实训过程

（1）巩固学习学前儿童社会教育活动设计与实施的原则。

（2）结合幼儿园即将开展的主题教育活动（以下任选其一），设计可以开展的次主题活动、教学活动（社会领域）、区域活动，同时，提出“环境创设”“生活活动”“家园共育”等建议。1）可爱的我（小班）。2）能干的小手（小班）。3）了不起的我（中班）。4）环保小卫士（中班）。5）我是中国人（大班）。6）我要上小学了（大班）。

（3）交流分享。

三、实训要求

（1）可通过省级示范幼儿园微信公众号、网站等，查阅幼儿园开展的相关主题教育活动。

（2）交流分享时思路清晰、表述完整，紧紧围绕学前儿童社会教育活动设计与实施的原则展开。

岗课赛证测验

岗课赛证测验

学习任务完成情况评价表

评价标准	自我评价（达到打√，未达到画○）	小组评价（达到打√，未达到画○）	教师评价（达到打√，未达到画○）
能够说出学前儿童社会教育活动设计与实施的原则			
能够贯彻落实学前儿童社会教育活动设计与实施的原则			
能够通过幼教案例分析学前儿童社会教育活动设计与实施的原则			

任务三　学前儿童社会教育的内容

情景导入

2022年6月6日是中国二十四节气中的“芒种”。这一天，幼儿园张老师带领小朋友开展了系列活动，如看一看什么是芒种，说一说芒种的习俗，读一读有关芒种的诗词，唱一唱有关芒种的歌曲，找一找芒种节气的小美好，玩一玩有关芒种的小手工……在这些活动中，小朋友们体会到了“芒种”是一个种下希望的节气，也是一个收获幸福的节气。

思考：张老师开展的“芒种”系列活动，是为了给学前儿童传递哪些社会认知信息？培养学前儿童的哪些社会情感？

我的回答：

任务分析

《3～6岁儿童学习与发展指南》指出，要运用幼儿喜闻乐见和能够理解的方式，向幼儿介绍反映中国人聪明才智的发明和创造，激发幼儿的民族自豪感。二十四节气属于中华优秀传统文化内容，通过开展相关活动，可以激发学前儿童的爱国情感。这属于学前儿童社会教育中的社会环境教育。除社会环境教育外，学前儿童社会教育的内容还包括自我意识教育、人际交往教育、社会规范教育和多元文化教育。

知识准备

名人名言

教师要唤醒人的潜在本质，使他在认识世界的同时认识自我，在学习知识的同时探索道德。

——卡尔·雅思贝尔斯

为儿童创造一个所有东西的大小都与其能力相配的环境，这有助于发展他们的内在潜力。

——蒙台梭利

学前儿童社会教育的内容非常丰富，可以说，时时有社会教育，处处有社会教育。自我意识教育、人际交往教育、社会环境教育、社会规范教育、多元文化教育这五方面内容各有自身的教育侧重点，相互之间又有一定的联系。

一、自我意识教育

自我意识是意识的一种形式，指主体对其自身的意识。它包括三个层次：对自己肌体及状态的意识，对自己肢体活动的意识，对自己的思维、情感、意志等心理活动的意识。

结合学前儿童的发展特点，可以开展自我认知、自我体验和自我调控方面的教育。自我认知包括自我感觉、自我观察、自我观念、自我评价、自我分析、自我批评等形式；自我体验是一种基于自我认知的情感体验，是人对自身的态度，表现为是否相信自己的能力、是否满意自我、是否接纳自我等，包括自信、自卑、自尊、自满、自傲、自我肯定、自我接纳等形式；自我调控包括自主、自立、自制、自律等形式，其任务是对自己的心理和言行进行调节与控制。

自我认知是自我体验和自我调控的前提，自我体验是自我调控的动力，自我调控包括对自我认知和自我体验进行调控。

活动

请结合学前儿童社会教育的年龄阶段目标，列举在幼儿园中各个年龄段可以开展的具体的学前儿童自我意识教育的内容。

我的回答：

二、人际交往教育

人际交往是学前儿童社会性发展的基本途径之一。学前儿童在与成人和同伴交往的过程中，不仅可以学习如何与人友好相处，还可以学习如何看待自己、对待他人，不断发展适应社会生活的能力。

拓展阅读

人际交往智能

人际交往智能（Interpersonal Intelligence）指的是对他人的表情、话语、肢体语言的敏感及对此做出有效反应的能力。这种能力可表现为能够体察识别他人情绪、情感，并对他人观点进行倾听、理解和反馈，乐于与他人建立和维持各种社会关系，并力求影响他人等。

结合学前儿童活动范围，可以开展亲子交往、师幼交往、同伴交往、与其他社会成员的交往等方面的教育。

亲子交往主要是指家长与学前儿童之间的交往，一般认为是父母与孩子之间的交往。这是儿童社会交往系统中出现最早的一种社交类型。与儿童的其他社会交往相比，它是相对较频繁、较稳定、持续时间较长久、影响较深远的交往类型。

师幼交往是指幼儿教师和学前儿童之间的交往。与亲子交往不同的是，它具有短期性、多变化性和多样性的特点。构建良好的师幼关系，可以为学前儿童社会化发展奠定良好基础。

同伴交往主要是指学前儿童和同龄伙伴之间的交往，其交往对象的年龄、心理发展水平和地位等与自己较为接近。与亲子交往和师幼交往相比，同伴交往的最大特点在于学前儿童和同伴之间具有明显的平等性，而且同伴群体本身完全是由学前儿童自己选择、自己建构形成的。

中班社会活动：大熊的拥抱节

与其他社会成员的交往是指除父母、教师和同伴外，学前儿童与亲戚、各行各业工作人员的交往。

活动

请结合学前儿童社会教育的年龄阶段目标，列举在幼儿园中各个年龄段可以开展的具体的学前儿童人际交往教育的内容。

我的回答：

三、社会环境教育

学前儿童社会环境教育是指通过开展有目的、有计划、有组织的幼儿园教育活动，以及让学前儿童与周围社会环境中的不同人和物接触，使学前儿童获得对社会环境的基本认识，体验人与社会的和谐关系，进而能够与社会环境进行良好互动的过程，其目的在于使学前儿童更好地理解自己与环境的关系，懂得环境各部分存在的规则，并能够按这些规则行事。

结合学前儿童所处环境，可以开展认知和体验家庭、幼儿园、社区、家乡、祖国、世界环境等方面的教育活动。

活动

请结合学前儿童社会教育的年龄阶段目标，列举在幼儿园中各个年龄段可以开展的具体的学前儿童社会环境教育的内容。

我的回答：

四、社会规范教育

社会规范是人们参与社会生活的行为准则。社会规范的功能在于保障社会生活的有条不紊和协调一致，社会规范的习得是“人”成为“社会人”的前提条件，它是一个终身的过程。学前儿童社会规范教育是一个帮助学前儿童习得社会生活行为准则的过程。

结合学前儿童生活实际，可以开展道德规范、合群性规范、集体规范、安全健康规范、谨慎规范等方面的教育活动。

活动

请结合学前儿童社会教育的年龄阶段目标，列举在幼儿园中各个年龄段可以开展的具体的学前儿童社会规范教育的内容。

我的回答：

五、多元文化教育

多元文化是指在一个社会、国家或民族中所存在的多种文化的总称，反映了人类不同群体之间价值规范、思想观念以及行为方式上的差异。《幼儿园教育指导纲要（试行）》指出，要“适当向幼儿介绍我国各民族和世界其他国家、民族的文化，使其感知人类文化的多样性和差异性，培养理解、尊重、平等的态度”。

结合学前儿童年龄特点，可以开展的多元文化教育包括民族文化教育和世界文化教育。

活动

请结合学前儿童教育的年龄阶段目标，列举在幼儿园中各个年龄段可以开展的具体的学前儿童多元文化教育的内容。

我的回答：

学习完本任务，相信你一定可以更为深入地回答“情景导入”部分的问题。

二十四节气是中国人的伟大创造，张老师开展的“芒种”系列活动，旨在引导学前儿童了解中国的传统节气，进而了解中华优秀传统文化，培养爱国情感。

学习笔记

实践训练

分享学前儿童社会教育活动素材。

一、实训目标

通过各种途径查询、收集、整理并分享学前儿童社会教育活动素材。

二、实训过程

（1）重温学前儿童社会教育的内容。

（2）选择某一项教育内容，通过多种途径查询、收集、整理素材，如绘本、课件、幼儿故事、游戏等。

（3）交流分享学前儿童社会教育活动素材。

三、实训要求

（1）素材来源一定要权威，如优质出版社的图书、优秀幼儿园的教育活动案例等。

（2）交流分享时需要阐述某个素材可以用于哪一类学前儿童社会教育内容中，以及为什么选择这个素材。

岗课赛证测验

岗课赛证测验

学习任务完成情况评价表

评价标准	自我评价（达到打√，未达到画○）	小组评价（达到打√，未达到画○）	教师评价（达到打√，未达到画○）
能够说出学前儿童社会教育的内容			
能够查阅、收集、整理和分享学前儿童社会教育活动素材			
能够根据任务情境，设计相关的学前儿童社会教育活动内容			

任务四　学前儿童社会教育的途径

情景导入

在一次小班社会领域教学活动中，赵老师为了引导幼儿尽快适应幼儿园生活，克服入园焦虑，先为幼儿讲述《汤姆上幼儿园》的绘本故事（见图2－1），接着以汤姆在幼儿园获得新的朋友和新的本领作为切入点，组织幼儿分享在幼儿园里学到的新本领，然后按照一日生活先后顺序，将这些内容串联起来，编排成了一个个情境游戏，最后组织幼儿在情境游戏中体验幼儿园生活。集体教学活动结束后，赵老师组织幼儿进入各个区域，体验区域活动的乐趣，并与幼儿家长沟通，引导幼儿多与他们交流幼儿园里有趣的事情。

图2－1　绘本《汤姆上幼儿园》

思考：除了赵老师开展的这些活动，你还会设计哪些活动来帮助小班幼儿尽快适应幼儿园生活？

我的回答：

任务分析

学前儿童社会教育的途径丰富多样，赵老师主要采用了专门的教育活动、幼儿园与家庭的合作等途径，除此之外，还可以通过随机的社会教育活动、幼儿园与社区的合作等开展学前儿童社会教育。

知识准备

名人名言

好的教师必定善于观察机会，懂得抓住机会，这正是教师专业素养的发挥与展现。

——陶行知

游戏是儿童认识世界的途径，他们生活在这个世界里，并负有改造它的使命。

——高尔基

学前儿童社会性的发展是一个综合的、长期的过程。学前儿童从自然人向社会人转变，会受到多方面、多种因素的影响，因此，对学前儿童进行社会教育的途径也是多种多样的。

一、专门的社会教育活动

专门的社会教育活动是指幼儿教师根据教育目的、教育计划、本班学前儿童的身心发展规律和特点，选择合适的教育内容，采取合理的教育方式和方法，对学前儿童进行社会教育的形式。

专门的社会教育活动具有比较明确的目的性和计划性，内容也比较系统和集中，幼儿教师对学前儿童的组织和指导作用更加直接、更加明显，也更具有针对性。专门的社会教育活动主要包括集体教学活动、游戏活动和区域活动。

小班社会活动：请让我来帮助你

（一）集体教学活动

集体教学活动是幼儿园教育活动的一种重要形式，是幼儿教师根据各年龄段学前儿童社会性发展的特点，有目的、有计划地对学前儿童进行社会教育的活动。

（二）游戏活动

游戏是学前儿童最喜爱的活动，是学前儿童认识社会、参与社会生活的一种独特方式，也是最能发挥学前儿童主体性的活动。通过游戏，不仅可以满足学前儿童参与成人生活的愿望，而且对于他们的社会认知、人际交往、社会行为等的发展都有其他教育形式不可替代的作用。游戏不仅可以独立作为学前儿童社会教育的活动形式，也可以和其他教育形式结合起来使用，如集体教学活动中的部分环节采用游戏方式进行。

学前儿童喜欢游戏，随时随地都可以开始游戏。对学前儿童社会性发展影响较大的游戏，主要是角色游戏、表演游戏等。在这些游戏中，学前儿童必须和同伴协商内容、分配角色、处理纠纷、克服困难，以保证游戏的顺利进行。这就促使学前儿童不断认识自己，协调自己与他人的关系，提高自己的社会交往能力。

对点案例

玩具点名

教师带学前儿童进入玩具区，请学前儿童说出看到的玩具名称以及它们摆放在哪里，记好后就可以玩玩具了。

十分钟后，请学前儿童把玩具“送回家”，看谁放得整齐、放得位置准确。给学前儿童奖励小笑脸或小贴画，给予鼓励。

（三）区域活动

区域活动也称区角活动、活动区活动等，是幼儿教师根据教育目标以及学前儿童发展水平和兴趣，有目的地将活动室相对划分为不同的区域，投放相应的活动材料，由学前儿童按照自己的意愿和能力，以操作摆弄为主要方式进行的个别化的自主学习活动。

在角色区、表演区、建构区、美工区、益智区、科学区、阅读区、生活操作区等区域活动中，学前儿童可以自主选择、自发活动，有协商、有配合，在与活动材料、环境、同伴的相互作用中实现社会性发展的目标。图 2－2 所示为中班学前儿童在角色区玩“娃娃家”游戏。

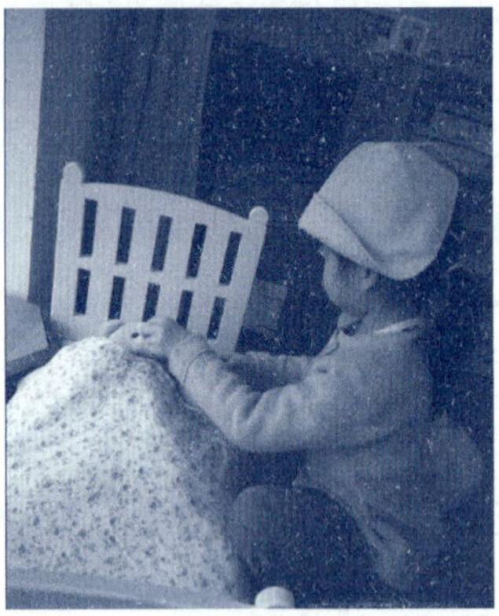

图 2-2　中班学前儿童在角色区玩“娃娃家”游戏

对点案例

为更好地帮助中班学前儿童认识自己小手的本领，王老师在幼儿园角色区设计了“生活用品美容店”游戏。

首先，教师出示废旧生活用品，组织学前儿童讨论如何进行这些废旧生活用品的再利用，引出“生活用品美容店”这一活动主题。接着，引导学前儿童共同讨论“生活用品美容店”的玩法，自由分配角色，并根据自己的想法合作布置“生活用品美容店”。在游戏过程中，教师引导学前儿童对店里推出的产品在组合、装饰上大胆创意，同时引导学前儿童丰富游戏情节，如开展“打折”“店庆”等活动吸引“顾客”。最后，游戏结束时，引导“顾客”对“生活用品美容店”的服务进行评价。

二、随机的社会教育活动

随机的社会教育活动主要包括日常生活中的随机教育活动和其他领域活动中的随机教育活动。

（一）日常生活中的随机教育活动

随机教育活动往往是随机发生于幼儿园一日生活的场景中，幼儿教师对其没有事先的设计与准备，只是根据学前儿童的具体情况发现并及时解决问题，灵活给予引导的教育活动。

随机的社会教育活动多指向个别学前儿童的教育，一般是幼儿教师在日常生活中针对学前儿童的个别行为进行及时的、有针对性的指导，使学前儿童养成某种良好的行为习惯等。例如，学前儿童在盥洗室玩水的时候，幼儿教师不仅按照常规要求其认真洗手，还会告知学前儿童水资源的珍贵和水洒在地上会出现的危险。

（二）其他领域活动中的随机教育活动

幼儿园的健康、语言、社会、科学、艺术五个领域只是对课程内容的一种相对划分，五个领域是相互渗透、相互融合的，各领域的内容也是有机联系的。在幼儿园健康、语言、科学和艺术领域的教育内容中，无不渗透着社会教育的内容和要求。例如，在小班音乐活动“学唱《哈喽歌》”中，就蕴含着社会领域的“文明礼仪”这一核心经验，教师可以引导学前儿童主动跟别人打招呼、问好，面对别人的问好也要积极回应。

三、幼儿园与家庭、社区的合作

《3～6岁儿童学习与发展指南》指出，家庭、幼儿园和社会应共同努力，为幼儿创设温暖、关爱、平等的家庭和集体生活氛围，建立良好的亲子关系、师生关系和同伴关系，让幼儿在积极健康的人际关系中获得安全感和信任感，发展自信和自尊，在良好的社会环境及文化的熏陶中学会遵守规则，形成基本的认同感和归属感。

（一）幼儿园与家庭的合作

一方面，幼儿园应本着尊重、合作的原则，帮助家长树立正确的教育观念，强化其“不仅是养育者，也是教育者”的意识，及时地总结和推广家庭教育的先进经验，帮助家长解决疑难问题、优化家庭环境，改善家长的教育行为、教育方法。例如，为更好地聆听家长的声音，共同分享育儿经验，某幼儿园在其微信公众号上开辟了“家长有约”专栏。

另一方面，幼儿园可以充分利用学前儿童家长资源，吸纳学前儿童家长参与到学前儿童社会教育活动中来。例如，在开展“我从哪里来”等活动时，邀请某学前儿童家长——一名产科医生来为学前儿童进行讲解。

对点案例

然然在上小班时看到班上小朋友有弟弟妹妹，就向妈妈提出也想有个弟弟的想法。后来，妈妈真的为她生了个小弟弟。刚开始是月嫂带弟弟，后来月嫂走了，就由奶奶和外婆带弟弟，然然的醋坛子一下子就翻了。家里添了弟弟以后，然然开始变得爱哭，吃饭也要人喂，并且不许妈妈抱弟弟。每天早上，妈妈为了照顾两个宝宝忙得不可开交，然然还不时地闹着不上幼儿园，和弟弟一样待在家里玩。妈妈很苦恼，找然然老师帮忙解决这一问题。

然然老师提出了以下解决办法：

（1）父母及家人统一思想，不过分迁就然然，也不要对然然漠不关心。

（2）在幼儿园组织有兄弟姐妹的小朋友做游戏、讨论，用伙伴的力量帮助然然解开心结。

（3）家园共同努力，让然然感受到每个人在家中的地位是平等的，在幼儿园中每个小朋友的地位也是平等的。

（4）利用“家园论坛”，多子女家庭开展互助，交流各自带多个孩子的经验。

（5）幼儿园开展以大带小活动，让然然在集体的氛围中感受为小弟弟、小妹妹服务的快乐和成就感。

（二）幼儿园与社区的合作

社区作为一个生产功能、生活功能、文化功能兼具的社会区域，能为幼儿园提供教育所需要的人力、物力、财力等多方面的支持。幼儿园在与社区的合作中，可直接利用社区丰富的资源，让学前儿童走进社会的大课堂。幼儿教师可以将社区的各种活动和幼儿教育活动有机结合，让社区文化、社区的精神文明成果成为幼儿园对学前儿童进行社会教育的沃土。

对点案例

为美化、净化社区环境，提高社区居民垃圾分类意识，帮助学前儿童养成垃圾分类习惯，某幼儿园带领学前儿童开展了“垃圾分类进社区，绿色生活入人心”活动。

首先，小朋友们跳了舞蹈《垃圾“四分法”》，通过欢乐的歌声和动感的舞蹈告诉大家垃圾分类的方法，让大家能基本了解垃圾的种类，知道什么样的垃圾应该扔到哪种垃圾桶里。随后，教师和学前儿童给社区的居民们发放了垃圾分类宣传单页，向居民介绍垃圾分类知识、四色垃圾桶应如何分装，并指导居民如何正确投放垃圾。

学习完本任务，相信你一定可以更为深入地回答“情景导入”部分的问题。

赵老师主要通过专门的社会教育活动、幼儿园与家庭的合作等引导小班幼儿更好地适应幼儿园生活。除此之外，还可以开展随机的社会教育活动，如在一日生活中引导小班幼儿适应集体生活。

学习笔记

实践训练

运用学前儿童社会教育的途径组织情景表演。

一、实训目标

能够灵活运用学前儿童社会教育的途径开展学前儿童社会教育活动。

二、实训过程

（1）选择某一项学前儿童社会教育内容。

（2）采用某一种学前儿童社会教育途径。

（3）进行情景表演。

三、实训要求

（1）学前儿童社会教育内容应从自我意识、人际交往、社会环境、社会规范、多元文化中加以选择。

（2）学前儿童社会教育的途径恰当、合理。

（3）情景表演符合现实情况。

岗课赛证测验

岗课赛证测验

学习任务完成情况评价表

评价标准	自我评价（达到打√，未达到画○）	小组评价（达到打√，未达到画○）	教师评价（达到打√，未达到画○）
能够说出学前儿童社会教育的途径			
能够理解如何采用学前儿童社会教育各途径实施具体活动			
能够有意识地结合学前儿童社会教育的内容，选择合适的实施途径			

任务五 学前儿童社会教育的方法

情景导入

杨老师发现学前儿童在玩区域游戏时，有的“爸爸”“妈妈”手摸“宝宝”的额头，问：“宝宝是不是生病了？爸爸妈妈带你去医院看病吧！”在“医院”里，大家抢着让“大夫”看病，抢着去“药房”拿药。看到孩子们这么有兴趣，杨老师提议开展“看医生”的角色扮演活动。有的学前儿童扮演医生，有的学前儿童扮演患者，有的学前儿童扮演药房工作人员，杨老师在角色扮演活动中引导学前儿童学习遵循基本看病流程、排队等候、运用礼貌用语等游戏规则。

思考：角色游戏对学前儿童掌握社会规则有什么作用？这是一种什么样的学前儿童社会教育方法？

我的回答：

任务分析

学前儿童社会教育的方法特别多，其中，角色扮演法是一种以情感体验为主的方法。除此之外，学前儿童社会教育的方法还包括以观察、实践为主的方法，以及以语言引导为主的方法。

知识准备

名人名言

儿童对于环境中各种事物的认识一定要眼睛看到、耳朵听到、手接触到，才能了解事物的真相和性质。

——陈鹤琴

教是为了不需要教。就是说咱们当教师的人要引导他们，使他们能够自己学，自己学一辈子，学到老。

——叶圣陶

学前儿童社会教育的方法主要分为三大类：以情感体验为主的方法，以观察、实践为主的方法和以语言引导为主的方法。三类方法的侧重点各有不同，在具体的社会教育实践过程中，教师应根据实际情况灵活运用。

一、以情感体验为主的方法

以情感体验为主的方法主要包括陶冶法、共情训练法、角色扮演法。

(一) 陶冶法

陶冶法是指利用环境条件、生活气氛以及教育者自身的言行举止等，潜移默化地影响学前儿童的社会态度和社会行为的方法。陶冶法的特点就在于在潜移默化中“陶情”“冶性”，它是学前儿童容易接受的一种教育方式。

运用陶冶法时要注意以下几点：

(1) 陶冶法利用的是整个环境条件、生活氛围，因此幼儿园中的每个成员，需要步调一致地为学前儿童创设良好的环境，营造温馨和谐、互相关爱、积极向上的生活氛围，以形成良好的幼儿园文化。

(2) 幼儿教师在创设良好环境时应当有明确的目的，要制订具体的计划，使整个幼儿园环境氛围具有整体性，而不能零敲碎打。

(3) 陶冶法的最大特点是潜移默化，因此要尽可能让环境说话、让行动说话，避免过多的言语说教。

对点案例

许多幼儿园的班级教室墙壁上都会有名人名言、主题图饰、祖国山河、幼儿礼仪、正确洗手方法等各种各样幼儿教育方面的内容，而且幼儿园经常根据实际情况变更墙壁装饰。“让幼儿园的每一面墙都开口说话”其实就是一种情感陶冶的方法，通过春风化雨般的手段，潜移默化地对幼儿产生德育影响。除此之外，整洁的园所环境、文化长廊、幼儿教师在日常行为中体现的高尚人格、矗立在校门口的名人雕塑、贴在草坪上和洗手间的标语等，都是运用了陶冶法来对学前儿童进行教育。

（二）共情训练法

共情训练法是指通过一些形式让学前儿童去理解和分享他人的情绪体验，以使学前儿童在以后的生活中对他人的类似情绪能主动地、习惯性地自然理解和分享的方法。情感支持是共情训练法的主要特点。

运用共情训练法时要注意以下几点：

（1）提供的情境必须是学前儿童熟悉的、看得懂的，这样学前儿童才可能产生共情，否则可能产生误解。

（2）共情训练的基点应是唤起学前儿童已有的类似体验，使学前儿童已有的体验与当前情境相关联，从而更好地理解与分享。

（3）注重让学前儿童表现共情，使他们不仅仅停留在同情与共鸣上，更要养成良好的行为习惯。

（4）幼儿教师应与学前儿童一起真正投入情感，不能只做旁观者。

对点案例

朵朵向主班王老师诉苦，她排练节目时被音乐老师批评了，她哭着说再也不想排练节目了。王老师及时安慰朵朵：“宝贝，音乐老师认为你不勤奋没达到要求批评你，我能感受到你特别伤心、委屈、难过。我很理解你此时的心情，你已经很努力了，老师还不理解，所以你很委屈，如果伤心的话就大声哭出来，我会一直陪着你（拥抱朵朵）。你是不是期待老师能理解你？是不是期待老师看到你的付出、看到你的进步？你是不是特别希望得到老师的认可？老师相信，经过认真训练，你一定会赢得老师的认可，宝贝加油！”听了王老师的话，朵朵的情绪慢慢平静了下来，第二天又精神抖擞地投入节目训练中去了。

（三）角色扮演法

角色扮演法是指模仿现实社会中的某种情境，让学前儿童扮演其中相应的社会角色，使学前儿童体验角色的情绪情感，并表现出与该角色一致的社会行为的方法。角色承担是角色扮演法的重要标志。

运用角色扮演法时要注意以下几点：

（1）创设学前儿童熟悉、理解和喜欢的角色活动情境，在学前儿童具备相应的经验储备和情境理解力的前提下开展角色扮演活动。

（2）幼儿教师要尊重学前儿童选择角色、变化角色和创造角色的愿望。教师只可指导活动，不应经常分配角色，尽量为学前儿童提供自由游戏的机会，让他们自由模仿表演，这样能更好地发挥学前儿童的自主性。

（3）由于学前儿童好模仿，因此扮演的角色要以正面形象为主，特别要避免出现经常由某几个人扮演反面角色的情况，否则容易形成负面的刻板印象，影响学前儿童在群体中的身份。

对点案例

在“糕点铺”前，小朋友们都在排队买糕点。内向的小雨也来了，听说正在“搞促销活动”，小雨就决定买一些糕点尝尝。店员对小雨说：“小雨，你觉得鸡蛋夹心饼干好吃吗？”小雨点点头说：“好吃。”老师趁机说：“那小雨去告诉好朋友，让好朋友也来品尝吧。”小雨高兴地去喊其他小朋友了。

内向的小雨在平时与同伴的交流并不多。但在角色游戏中，他主动去把好消息告诉好朋友，让好朋友也来品尝鸡蛋夹心饼干。可见，角色扮演法可以给学前儿童提供尽情展示自我的机会。

二、以观察、实践为主的方法

以观察、实践为主的方法主要包括参观法、实践法、行为练习法。

（一）参观法

参观法是指幼儿教师有目的、有计划、有组织地带领学前儿童观察某一综合性的社会设施或机构，使他们加深对这些设施或机构的了解，丰富他们的知识和经验，并使他们获得某些社会技能的方法。

运用参观法时要注意以下几点：

（1）参观的场所要安全、卫生，无危险因素，以保证学前儿童的健康和安全。一般来说，参观地不宜离幼儿园过远。

（2）参观前要有详细而周密的计划，包括联系参观单位取得它们的支持与合作，精心设计参观路线及提问的问题等。

（3）参观单位的介绍要简练易懂，适合学前儿童的理解水平。

（4）参观过程中要注意安全，要通过提问有步骤地引导学前儿童观察。

（5）参观结束回到幼儿园后，教师要对参观进行总结，以提升学前儿童的经验；同时，可以引导学前儿童将活动延伸到区域游戏中。

对点案例

为了科学、有效地进行幼小衔接，帮助幼儿尽快适应小学生活，某幼儿园全体师幼一起走进对口小学，让幼儿们切身感受小学的别样生活。首先，幼儿们观摩小学升旗仪式，在威严的国歌声中，五星红旗冉冉升起，幼儿们感受到了升旗仪式的庄严氛围。接着在小小讲解员的带领下，幼儿们漫步在校园的各个角落，高高的教学楼，大大的操场，美丽的走廊，小学的一切都让幼儿们感到新鲜。随后，幼儿们与一年级的哥哥姐姐们进行互动交流，哥哥姐姐们还给幼儿们送上了自己亲手制作的贺卡，上面写满了祝福。最后，幼儿们和一年级的哥哥姐姐们一起合影，留下了参观小学的美好回忆。在回幼儿园的路上，幼儿们依然兴奋不已。回到班里，他们迫不及待地和老师、小伙伴们分享自己的所见所闻，言语间皆是对小学生活的向往和期待。本次参观小学活动在幼儿们心中种下了一个美好的小学梦，使他们感受到了小学生活的无限魅力，激发了他们对成长的期待和对小学生活的向往。

（二）实践法

实践法是指幼儿教师创造一定的条件，组织学前儿童亲自参与某项活动，使其感知、体验或学习某种社会实践技能的方法。

运用实践法时要注意以下几点：

（1）实践内容和要求要适合学前儿童的发展水平与接受能力。难度过高的内容既会让学前儿童产生挫败感，也容易产生诸多纪律问题。

（2）采用实践法，重在让学前儿童参与活动，因此，要重视实践过程中学前儿童参与的态度与积极性，至于结果如何不要强求。

（3）实践过程中要教给学前儿童做事的方法，同时也要注重培养他们的创造性思维能力，避免只是简单模仿。

（4）要鼓励学前儿童勇于克服困难，以培养他们的毅力。

对点案例

大班的林老师组织幼儿到附近的菜市场去买菜。当林老师和热心家长把孩子们带进菜市场时，孩子们一下子就活跃起来了："黄瓜多少钱一斤？""胡萝卜多少钱一斤？""我用两块钱可以买几个西红柿？"问价、购买、算账，好不热闹！到市场上买菜是一个十分开心的实践过程，孩子们不仅认识了更多的蔬菜，而且对钱有了进一步的认识，初步学会了理财，能够学着解决"买什么""怎么买""钱不够怎么办"等一系列问题，促进了幼儿人际交往能力的发展，使幼儿的语言能力得到了锻炼、情感获得了满足。

（三）行为练习法

行为练习法是指组织学前儿童按照正确的社会行为要求反复进行练习，以使学前儿童掌握和巩固某种社会行为技能的方法。对良好行为进行经常性的强化练习，是行为习得的根本途径。

运用行为练习法时要注意以下几点：

（1）行为练习要在幼儿教师有目的、有计划的指导下进行，即教师首先要示范正确的行为，以供学前儿童学习与模仿。

（2）行为练习的方式要多样化，以调动学前儿童练习的兴趣和愿望，避免简单枯燥。

（3）由于学前儿童的社会学习具有反复性的特点，因此行为练习要反复进行、持之以恒，以使其行为得以巩固。持之以恒的要点就是要尽量形成规律的活动节奏与规范的活动形式。

对点案例

小班的刘老师针对部分小班幼儿不积极与人打招呼的情况，有针对性地实施了行为训练。首先，刘老师面带微笑，以亲切的声音边点头边说："小朋友们好。"幼儿在刘老师行为的感染下，也像老师一样，回应道："老师好。"其次，刘老师引导小班幼儿仔细观察中班和大班的哥哥姐姐们相互之间是如何打招呼的，鼓励幼儿模仿哥哥姐姐们微笑、点头、握手、抱抱等，同时说"你好"。再次，引导小班幼儿观察并模仿中班和大班的哥哥姐姐们是如何与家长打招呼的，如"某某妈妈好！""阿姨好！""叔叔好！"等。最后，刘老师在小班幼儿的一日生活中创设行为练习的机会，鼓励每个幼儿尝试用不同的打招呼方式与不同的对象打招呼。

经过多次反复的行为训练，小班幼儿有了打招呼的亲身经验，对于与别人打招呼有了自信心，消除了紧张心理，能够大胆地与周边熟悉的人打招呼了。

三、以语言引导为主的方法

以语言引导为主的方法主要包括谈话法、讲述法、讨论法和行为评价法。

（一）谈话法

谈话法是指幼儿教师有目的、有计划地引导学前儿童围绕一个生活中的主题，回忆已有生活经验，进行交流的方法。

运用谈话法时要注意以下几点：

（1）谈话的主题要来源于学前儿童的生活，适合他们的生活经验，是他们感兴趣的内容。

（2）谈话是双向交流活动，因此要避免教师单方面讲述。

（3）谈话结束时应有总结，但总结的方式要避免单一化，可以由教师总结，可以用一首儿歌总结，也可以让学前儿童自己总结。

对点案例

为增进幼儿对家庭成员的了解，使幼儿能够用连贯的语言介绍家人，张老师选用谈话法，组织了中班幼儿集体教学活动“我的家人”。

张老师首先引出与家有关的话题：“今天早上谁送你上幼儿园的？”“晚上谁来接你？”然后开始与幼儿亲切谈话，话题包括“我家都有谁”“平时我们在家里干什么”“家里谁最喜欢我，我最喜欢谁，为什么”“家里人有什么爱好”等。最后，张老师引导幼儿小结：用语言表达我们和家人在一起很快乐，我们要爱我们的家人。

（二）讲述法

讲述法是指幼儿教师通过描述事物的特征，帮助学前儿童了解某一知识、道理、规则，解答“是什么”“为什么”“怎么样”等问题，解释事物间的联系、关系的一种教学方法。对于某些学前儿童不便直接感知或无法直接感知的内容，常常采用讲述的方法。

运用讲述法时要注意以下几点：

（1）由于学前儿童思维具体形象，因此，为了使讲述达到更好的效果，教师在讲述时语言要生动、形象，讲述过程中尽可能利用形象化手段（如实物、图片、幻灯、视频等）作为辅助，以帮助学前儿童理解。

（2）为调动学前儿童学习的兴趣，讲述者可以多样化，可请学前儿童来讲，也可请某一领域的专家来讲，特别是可以邀请家长和社区中的专家来进行讲述。

对点案例

吴老师在带领大班幼儿进行“认识家乡”活动时，运用中国地图和放大的山东省地图，引导幼儿认识中国地图和山东省地图的轮廓，了解山东省主要城市的名称，并在地图上给幼儿指认山东省主要城市，带领幼儿学念地名，如济南、青岛、临沂等。

吴老师在“认识家乡”活动中，主要运用的就是讲述法。幼儿通过吴老师的讲述，初步认识中国地图和山东省地图的形状轮廓，并学习从中国地图上指认出山东省的位置。

（三）讨论法

讨论法是指幼儿教师指导学前儿童就某些社会性问题、现象、事物相互启发、交流意见的方法。

运用讨论法时要注意以下几点：

（1）讨论的主题应当是学前儿童熟悉、理解的。

（2）幼儿教师要创设平等、宽松的讨论氛围，让学前儿童畅所欲言，不要轻易否定或怀疑他们的意见。

（3）由于展开讨论的基础是学前儿童有比较多的生活经验、有较强的思考能力和语言表达能力，因此讨论法一般在大班使用。

对点案例

在大班社会活动“让一让”中，王老师拿出教学挂图，组织幼儿讨论：“图片上的小朋友遇到了什么事情？他们是怎样说的？还可以怎样说、怎样做？”

（四）行为评价法

行为评价法是指幼儿教师对学前儿童的社会行为表现给予肯定或否定的评价，以增强和巩固其好的行为，削弱、消除其不好的行为的方法。恰当的行为评价能引导学前儿童社会行为的健康发展。

运用行为评价法时要注意以下几点：

（1）根据正面教育原则，行为评价法应以表扬为主，多对学前儿童的社会行为进行正向引导。

（2）行为评价要及时、一致。

（3）评价要具体，避免空泛。

（4）强化手段不能运用得过于频繁。

（5）评价方式要多样化，针对不同的场合、不同个性的学前儿童要选用不同的评价方法。

（6）引导学前儿童进行自我评价和相互评价。

对点案例

哑铃操结束了，小朋友们已经做起了放松活动，只有雯雯，还蹲在那里将未放好的哑铃摆整齐。刘老师着急地说：“雯雯，赶快来做操。”雯雯却沉默着，非要把哑铃摆放整齐。旁边的张老师说：“雯雯在做完活动后把哑铃收拾整齐，非常认真负责，这是对的，其他小朋友应该向雯雯学习。”张老师又走到雯雯身边，轻声说：“雯雯，我们摆放哑铃稍微快一些好吗？这样我们还可以做放松活动。”雯雯高兴地答应了，并迅速地收拾好了哑铃，跟着张老师去做放松活动了。

学习完本任务，相信你一定可以更为深入地回答“情景导入”部分的问题。

杨老师运用了角色扮演法。角色扮演法在学前儿童社会教育中常见且实用。无论是在事前还是事后，幼儿教师营造环境引导学前儿童对某社会情景进行预演或重现，都能极好地帮助学前儿童自主地理解社会规则、体验社会情感、培养社会行为能力。

学习笔记

实践训练

以“我爱我家”为主题，将学生分成几组，每组各自选择一种或几种学前儿童社会教育方法，设计学前儿童社会教育活动内容，并模拟实施。

一、实训目标

能够灵活使用学前儿童社会教育方法。

二、实训过程

（1）回顾学前儿童社会教育的方法和使用时的注意事项。

（2）以“我爱我家”为主题，选择学前儿童社会教育内容和方法。

（3）模拟实施学前儿童社会教育活动。

三、实训要求

（1）紧扣“我爱我家”这一主题。

（2）合理选择学前儿童社会教育方法。

岗课赛证测验

岗课赛证测验

学习任务完成情况评价表

评价标准	自我评价（达到打√，未达到画○）	小组评价（达到打√，未达到画○）	教师评价（达到打√，未达到画○）
能够说出学前儿童社会教育的方法			
能够理解各方法如何具体实施			
能够有意识地结合学前儿童社会教育的实际内容，选择合适的社会教育方法			

任务六　学前儿童社会教育活动教案的撰写

情景导入

幼儿园张老师和王老师正在讨论，她们发现不同的学前儿童社会教育活动教案内容不一样，有的包括设计意图、活动名称、活动目标、活动重难点、活动准备、活动过程、活动延伸等；有的包括活动名称、活动目标、活动过程、活动延伸等；有的包括活动名称、活动经验、活动目标、活动过程、活动延伸等。

思考：一份学前儿童社会教育活动教案到底包括哪些部分呢？有没有统一的模板可以借鉴？

我的回答：

任务分析

学前儿童社会教育活动教案的撰写是学前儿童社会教育活动设计与实施的重要组成部分，不同的教案模板有所不同，但大致都包括活动名称、活动目标、活动准备、活动过程和活动延伸这五个部分。在说课活动中，一般还会呈现设计意图和活动重难点。

知识准备

名人名言

教育的本意，是要把人们养成有本领有能力；如果要使一个人有本领有能力，就非要发展他的耳目心思手足不可。

——梁漱溟

教育教学的艺术和技巧在于挖掘每个孩子的力量和潜能，给予他在脑力劳动中取得成就的愉悦感。

——苏霍姆林斯基

学前儿童社会教育活动教案主要包括活动名称、活动目标、活动准备、活动过程和活动延伸五个部分。

一、活动名称

活动名称是某一次具体社会教育活动的名字，应突出反映此次活动的内容。

活动名称应包括年龄班（小班、中班或大班），如“开心快乐每一天（大班）”“我的好朋友（小班）”或“大班社会活动：开心快乐每一天”“小班社会活动：我的好朋友”。

对点案例

小班社会活动名称

我家有几口（小班）

小主人和小客人（小班）

给妈妈过生日（小班）

小帮手（小班）

心情娃娃（小班）

中班社会活动名称

我喜欢新班（中班）

老师本领大（中班）

分享真快乐（中班）

好朋友（中班）

幼儿园里好事多（中班）

大班社会活动名称

我是大班儿童（大班）

我从哪里来（大班）

国庆乐淘淘（大班）

我们的祖国真伟大（大班）

有趣的中国象形字（大班）

二、活动目标

活动目标是指进行学前儿童社会教育活动所预期的结果，是社会教育活动所要达到的目的。活动目标的设计应从情感、知识和能力三个维度出发。

情感目标侧重于激发学前儿童的个体情感体验，常用“愿意”“体验”“感受”“养成”“萌发”等动词来表述。

知识目标侧重于教给学前儿童社会领域的知识与常识，常用“理解”“了解”“知道”“认识”“懂得”等动词来表述。

能力目标侧重于引导学前儿童提升学习能力，常用“能够”“学会”“运用”“掌握”等动词来表述。

以上三个维度目标的表述，角度要一致。也就是说，同一个活动，如果是从幼儿教师角度表述目标，则三个维度目标均应从教师角度来表述；如果是从幼儿角度表述目标，则三个维度目标均应从幼儿角度来表述。切忌同一活动的三个维度目标既有幼儿教师角度表述，也有幼儿角度表述。

此外，活动目标一定要具体、可操作，如“学会帮助别人的方法”“愿意在别人遇到困难时主动去帮助、关心他们”等。

对点案例

赵老师针对中班幼儿特点，设计了一次名为“今天我值日”的学前儿童社会领域集体教学活动。赵老师将本次社会教育活动的三个维度目标确定如下：

情感目标：有初步的集体责任感，愿意努力做好力所能及的事情。

知识目标：了解值日生的具体工作内容和分工。

能力目标：能够尝试做一名值日生为集体和他人服务。

中班幼儿已基本适应了幼儿园的集体生活，有了一定的自理能力。赵老师对“今天我值日”的活动目标设计，符合中班幼儿的发展特点，统一从幼儿角度进行表述，条理清晰，一目了然。

三、活动准备

活动准备是一份完整的活动教案不可或缺的组成部分。一般来说，活动准备可分为两个部分：经验准备和物质准备。经验准备是指学前儿童在进行某一具体活动之前所具备的关于本次活动内容的经验，是幼儿教师设计本次具体活动的起点；物质准备是指进行某一社会教育活动所需要的物质材料、教具学具、电子材料等物料。

对点案例

梁老师对“我从哪里来（大班）”这一学前儿童社会领域集体教学活动的活动准备部分是这样设计的：

（1）经验准备：大班幼儿已知晓自己是母亲十月怀胎生下来的。

（2）物质准备：绘本《小天使的故事》，网络视频《宝宝的诞生》，怀孕的女性图片，白纸、水彩笔等。

梁老师为本次大班幼儿社会领域集体教学活动所做的准备十分充分，所有材料都是围绕“我从哪里来”这一活动主题来准备的。

四、活动过程

学前儿童社会教育活动过程通常包括三个环节：开始部分、基本部分和结束部分。

（一）开始部分

开始部分是引导学前儿童参与社会教育活动的第一步，侧重于引发学前儿童参与活动的兴趣，调动学前儿童学习的主动性。这一部分一般占总教学时长的 1/6，时间为 3 ～ 5 分钟。幼儿教师可以将开始部分设计成情境表演、播放录像、呈现图片、讲故事、做游戏、提问等形式。

对点案例

窦老师对“我家有几口人（小班）”这一学前儿童社会领域集体教学活动的活动过程开始部分是这样设计的：

教师手拿自己的全家福照片进行讲述：“你们知道这是谁家的照片吗？你们是怎么

知道的？”

教师边指着照片边介绍家人：“这是我的爸爸，这是我的妈妈，这是我自己，我家有三口人。”

（二）基本部分

基本部分是活动过程的主要部分，主要是幼儿教师引导学前儿童进行学习和练习。这一部分一般占总教学时长的2/3，时间为15～20分钟。在这一部分中，幼儿教师可以采用多种形式引导学前儿童参与活动，使用不同的教学方法和手段让学前儿童成为活动的主角，循序渐进、由浅入深地完成学前儿童社会教育活动的核心内容。

对点案例

窦老师对“我家有几口人（小班）”这一学前儿童社会领域集体教学活动的活动过程基本部分是这样设计的：

1. 幼儿手拿照片介绍自己的家人

（1）请4～5名幼儿分别向大家介绍自己的家人，注意引导幼儿用完整的语句表述。

（2）鼓励幼儿向旁边的同伴介绍自己的家人。

2. 学唱歌曲《我家有几口》

（1）教师范唱，让幼儿熟悉歌曲的旋律和歌词。

提问：“你喜欢哪一句？”

根据幼儿的回答，教师带领幼儿有节奏地学说歌词。

（2）播放音频，幼儿学唱歌曲，教师重点引导幼儿学习说唱结合的演唱形式。

提问：“这首歌和我们唱的其他歌曲有什么不一样？”

教师指导幼儿在学唱最后一句时要配合肢体动作，并掌握说的节奏。

3. 改编歌曲《我家有几口》

根据幼儿家庭成员的情况，对歌词“再加一个布娃娃”进行替换，如：再加一个小弟弟（小妹妹、大姐姐等）。

（三）结束部分

结束部分是活动过程的最后一步，主要是引导学前儿童在轻松愉快的情绪中自然而然地结束活动。这一部分一般占总教学时长的1/6，时间为3～5分钟。在这一部分中，幼儿教师可对本次活动进行小结，对学前儿童的表现进行积极评价，也可以进行作品展示、语言总结、任务布置等。

对点案例

申老师对“能干的小手（中班）”这一学前儿童社会领域集体教学活动的活动过程

结束部分是这样设计的：

播放课件《能干的小手》，鼓励幼儿为大家做力所能及的事，体验为他人做事的自豪感和成功感。

提问："小朋友们为别人做了哪些事情？你为大家做过什么事情？心情怎样？"引导幼儿体验为大家做事的喜悦与自豪。

教师小结：能干的小手不仅可以为自己服务，还可以为大家服务，给他人带来快乐。

五、活动延伸

活动延伸是指在活动结束后，幼儿教师继续设计一些与活动相关的课后活动，使教育活动能够持续到课堂以外，渗透到幼儿的一日生活中，使活动目标能更充分地实现。

活动延伸可以延伸至家庭，以亲子活动的形式来进行；也可以延伸到社区，充分利用社区资源实现学前儿童社会教育的目标。

对点案例

申老师对"能干的小手（中班）"这一学前儿童社会领域集体教学活动的活动延伸部分是这样设计的：

开展"家庭劳动日"活动，与爸爸妈妈一起做家务，学习整理物品的方法，进一步感受小手的能干，愿意自己的事情自己做。

请家长及时用录像、拍照等方式记录幼儿的表现，以便幼儿到园与同伴分享。

学习完本任务，相信你一定可以更为深入地回答"情景导入"部分的问题。

学前儿童社会教育活动教案主要包括活动名称、活动目标、活动准备、活动过程和活动延伸五个部分。一份高质量的学前儿童社会教育活动教案，可以为学前儿童社会教育活动的开展奠定良好的基础。

学习笔记

实践训练

根据活动视频，撰写学前儿童社会教育活动教案。

一、实训目标

学会撰写学前儿童社会教育活动教案。

二、实训过程

（1）回顾学前儿童社会教育活动教案撰写的学习内容。

（2）扫码观看活动视频《幸福的大桌子（大班）》。

（3）根据活动视频，撰写对应的活动教案。

活动视频《幸福的大桌子（大班）》

三、实训要求

（1）按照学前儿童社会教育活动教案模板撰写，包括活动名称、活动目标、活动准备、活动过程和活动延伸五部分。

（2）思路清晰、语言流畅。

岗课赛证测验

岗课赛证测验

学习任务完成情况评价表

评价标准	自我评价（达到打√，未达到画○）	小组评价（达到打√，未达到画○）	教师评价（达到打√，未达到画○）
能够说出学前儿童社会教育活动教案的组成部分			
能够规范地撰写学前儿童社会教育活动教案的各个部分			
能够根据学前儿童社会教育活动教案开展学前儿童社会教育活动			

• 项目小结 •

本项目主要包括六个任务：学前儿童社会教育的目标；学前儿童社会教育活动设计与实施的原则；学前儿童社会教育的内容；学前儿童社会教育的途径；学前儿童社会教育的方法；学前儿童社会教育活动教案的撰写。

学前儿童社会教育目标是一个由多种内容构成的、多层次的体系，包括学前儿童社会教育总目标、年龄阶段目标、单元目标和活动目标。

学前儿童社会教育活动设计与实施的原则包括目标性原则、主体性原则、渗透性原则、实践性原则、强化性原则和一致性原则。这些原则既是独立的，又是紧密联系、相互影响、相互渗透的。

学前儿童社会教育的内容非常丰富，包括自我意识教育、人际交往教育、社会环境教育、社会规范教育、多元文化教育。这五方面内容各有自身的教育侧重点，相互之间又有一定的联系。

学前儿童社会教育的途径是丰富多样的，包括专门的社会教育活动，随机的社会教育活动，幼儿园与家庭、社区的合作等。

学前儿童社会教育的方法特别多，主要分为三大类：以情感体验为主的方法，以观察、实践为主的方法，以及以语言引导为主的方法。三类方法的侧重点各有不同，在具体的社会教育实践过程中，教师应根据实际情况灵活使用。

学前儿童社会教育活动教案的撰写是学前儿童社会教育活动设计与实施的重要组成部分，不同的教案模板有所不同，但大致都包括活动名称、活动目标、活动准备、活动过程和活动延伸这五个部分。

学前儿童社会领域的学习与发展过程是其社会性不断完善并奠定健全人格基础的过程。我们在设计与实施学前儿童社会教育活动的实践中，要紧紧围绕学前儿童社会教育的目标，深挖学前儿童社会教育内容内涵，灵活运用学前儿童社会教育的途径与方法，规范设计学前儿童社会教育活动教案，遵守学前儿童社会教育活动设计与实施的原则，不断发展学前儿童适应社会生活的能力。

项目三

学前儿童自我意识教育

学龄前期是自我意识形成和发展的重要阶段。帮助学前儿童形成积极的自我意识对其自我人格的建构、社会性的发展及健康心理的培养具有重要意义。自我意识的形成是儿童社会化过程的重要组成部分，儿童社会化的目标是形成完整的自我。自我意识是个性形成和发展的前提，是个性发展成熟的重要标志，是整合统一个性各个部分的核心力量，也是推动个性发展的内部动因。

学习目标

1. 理解自我意识的内涵和学前儿童自我意识教育的积极意义；
2. 能够分析学前儿童自我意识的发展特点和典型表现；
3. 掌握学前儿童自我意识的培养途径和自我意识教育活动的设计与实施；
4. 树立正确的自我意识教育观，塑造学前儿童健全的人格。

学习内容

项目三　学前儿童自我意识教育

- 任务一 学前儿童自我意识概述
- 任务二 学前儿童自我意识教育的意义与途径
- 任务三 学前儿童自我意识教育活动的设计与实施

项目三导学

任务一　学前儿童自我意识概述

情景导入

有心理学家曾做过一个有趣的实验：给小猴子一些木块，让它用木块换糖吃。后来木块用完了，它就用自己的尾巴来换糖。小猴子的行为，让看到的人都忍俊不禁。

为什么看起来很聪明的小猴子会做出如此可笑的举动？毕竟再幼小的人类孩童也不会用自己的身体部位去换糖。

思考：这是为什么呢？

我的回答：

任务分析

小猴子拿自己的尾巴去换糖的原因在于，它不能把自己同周围的事物区分开来，而人则不同。人能够认识自己及自己同周围世界的关系，即人有自我意识。因此，有无自我意识是动物和人在心理上的分界线。

知识准备

名人名言

知人者智，自知者明。胜人有力，自胜者强。

——老子

不能总是牵着他的手走，而是要让他独立行走，使他对自己负责，形成自己的生活态度。

——苏霍姆林斯基

自我意识的内涵包括知、情、意三个层面，即人的自我意识由自我认知、自我体验和自我调节（或自我控制）三个子系统构成。0～6岁幼儿自我意识的发展是一个渐进的过程，通常将其分为四个阶段：自我感觉的发展（1岁前）、自我认识的发展（1～2岁）、自我意识的萌芽（2～3岁）、自我意识各方面的发展（3～6岁）。小班（3～4岁）、中班（4～5岁）、大班（5～6岁）幼儿在自我意识的发展特点及典型表现方面各有不同，我们应分别加以分析和掌握。

一、自我意识的内涵

自我意识是指个体对自己身心状态及对自己同客观世界的关系的意识，是个性结构的重要组成部分。可以说，自我意识是个体对自己身心活动的觉察，包括认识自己的生理状况（如身高、体重等）、心理特征（如兴趣、能力、气质、性格等）以及自己与他人的关系（如自己与周围人们相处的关系、自己在集体中的位置与作用等）。

自我意识是人类所特有的，其心理结构成分如图3－1所示。

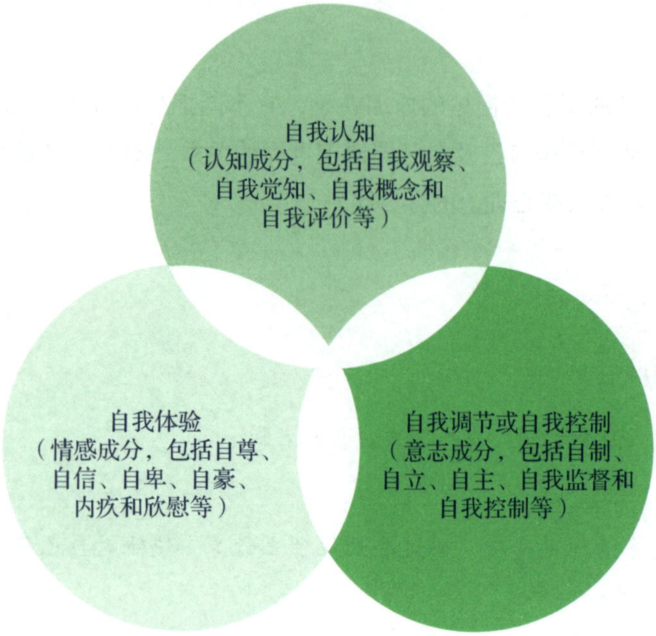

图 3－1　自我意识的心理结构成分

活动

请以“我”开头，写出 20 个句子，并分析其属于自我意识结构中的哪个层面（知、情、意）。

我

我

我

我

我

我

我

我

我

我

我

我

我

我

我

我
我
我
我
我

二、0～6岁幼儿自我意识的发生和发展

活动

思思在两岁的时候经常说“这个东西是我的”。有一次，楠楠拿了思思的布娃娃，思思对楠楠嚷道：“这个娃娃是我的，你不能动。”经过一段时间后，思思的用词出现了变化：之前常用“我的”来表示某个东西是自己的，后来却更喜欢说“我”这一个字，动不动就说“我怎样怎样”“我什么什么”。

思考：为什么思思会出现这种变化？

我的想法：

其实，思思的这些变化是因为随着年龄的增长，思思出现了自我意识。

自我意识不是天生的。婴儿最初没有自我意识，1岁左右的婴儿学会走路，开始有了区分自己的动作和动作对象、区别自己和他人的能力，这是自我意识的最初表现。随着语言的发展，儿童开始有意识地使用第一人称代词“我”，这是儿童自我意识发展到新阶段的标志。这一现象一般发生在2岁左右。

知识链接

点红实验

一、实验介绍

1972 年，美国北卡罗来纳州大学的阿姆斯特丹将动物学家盖勒帕在黑猩猩研究中使用的点红测验（以识别黑猩猩是否能知觉“自我”的实验）用于有关婴幼儿自我知觉的研究，并取得了突破性的进展。

二、实验目的

研究婴幼儿的自我意识水平。

三、实验过程

阿姆斯特丹选择了 88 名 6～24 个月的婴幼儿，在他们丝毫没有察觉的情况下，在其鼻子上涂一个无刺激的红点，然后，在他们面前放一面镜子，观察婴幼儿照镜子时的反应。

阿姆斯特丹认为，如果婴幼儿在镜子里能立即发现自己鼻子上的红点，并用手去摸它或试图抹掉，表明婴幼儿已经能区分自己的形象和加在自己形象上的东西，这种行为可作为自我意识出现的标志。

四、实验结果

从这些婴幼儿身上，阿姆斯特丹发现了三类反应：

（1）6～12 个月的婴儿：对境中的自我映像很感兴趣，但认不出自己，他们认为镜子里是另一个人。

（2）13～20 个月的幼儿：看到自己在镜子里面的样子不再感到特别兴奋，有的幼儿看起来有些警惕，有的幼儿会偶尔微笑一下或者发出些声音。幼儿还会对镜中映像的动作能够伴随自己的动作感到好奇。

（3）21～24 个月的幼儿：能够明确意识到红点在自己的鼻子上，并立刻用手去摸。这表明他们能够认出镜子里的是自己，而那个小红点是在自己的鼻子上，这是幼儿自我意识发展的质的飞跃。

0～6 岁幼儿自我意识的发展是一个渐进的过程，通常将其分为四个阶段。

（一）自我感觉的发展（1 岁前）

1 岁前的婴儿还不能把自己与客体分开，处于自我感觉阶段，常常咬自己的手指或脚趾，到 1 岁左右才能慢慢意识到手脚是自己的，产生自我意识的最初形式。

对点案例

贝贝的妈妈经常在朋友圈感叹：宝宝的成长真是个神奇的过程！每隔一小段时间，他们就能学会一项新的技能。比如贝贝妈妈分享过：两三个月大的时候，贝贝喜欢抱着手乱啃；五六个月的时候又开始迷恋上脚丫，不管何种姿势、动作难易度如何，贝贝都能一气呵成把脚丫准确无误地放进自己嘴里，然后开始花式舔、嘬、啃……并且沉浸其中，难以自拔……

（二）自我认识的发展（1～2岁）

1岁以后，幼儿能在镜子中认识自我和妈妈，能把自己作为一个独立的客体看待了。15个月以后，幼儿已开始知道自己的形象。

对点案例

然然1岁了。自从她明白了自己的名字叫“然然”后，就非常喜欢用自己的名字来称呼自己，比如“然然的脚”“然然的耳朵”等，她还能意识到自己身体的感觉，如会说“然然痛”“然然饿”等。

然然学会走路以后，逐渐能认识到自己做出的动作，感受到自己的力量，比如能用手把玩具捏响、用自己的脚把球踢走，这些都使然然兴奋不已。

（三）自我意识的萌芽（2～3岁）

2岁之后，儿童逐渐学会使用代词“我”，表明儿童的自我意识真正出现了，这是与儿童言语的发展相联系的。这一阶段，儿童可以准确使用“我”来表达愿望。

对点案例

两岁半的菲菲在玩纸飞机。阿姨走过来说：“菲菲，这是谁的飞机啊？”菲菲回答说：“是你的。”阿姨说：“哦，是我的，那我拿走啦。”菲菲急了，赶紧抓住纸飞机说：“不是你的，是我的！”从此，菲菲很注意区分“你的”和“我的”的使用，再也没有说错过。

（四）自我意识各方面的发展（3～6岁）

这一阶段，儿童在知道自己是独立个体的基础上，逐渐开始对自己进行简单的评价；同时，自我体验、自我控制也开始发展。

1. 自我认知的发展

自我认知的对象包括自己的身体、自己的动作、自己的心理活动等。通常来说，学前儿童对自己心理活动的认识比对自己身体和动作的认识更为困难、更为滞后。

儿童从3岁左右开始出现对自己内心活动的意识，开始懂得“愿意”要服从于

“应该”；4 岁以后开始出现对自己的认识活动和语言的意识，开始去注意、观察、记忆和思维，并在活动中运用一定的方法，能够根据要求来管理自己的活动。

这一阶段，学前儿童自我评价的发展表现为从依从性评价发展到自己的独立评价；从对个别方面的评价发展到对多方面的评价；从对外部行为的评价向对内在品质的评价过渡；从具有情绪色彩的评价发展到以行为规则为根据的理智评价。

2. 自我体验的发展

学前儿童的自我体验既有生理性的，也有社会性的。生理性的自我体验往往表现为愉快或愤怒；社会性的自我体验则表现在委屈、自尊、羞愧等方面。

3. 自我控制的发展

学前儿童的自我控制包括对动作和运动的控制、对认知活动的控制和对情绪情感的控制等方面。学前儿童对动作和运动的控制是自我控制发展的第一步。总体来说，学前儿童的自控能力还是较弱的，对自己认知活动和情绪情感的控制则更加困难。

对点案例

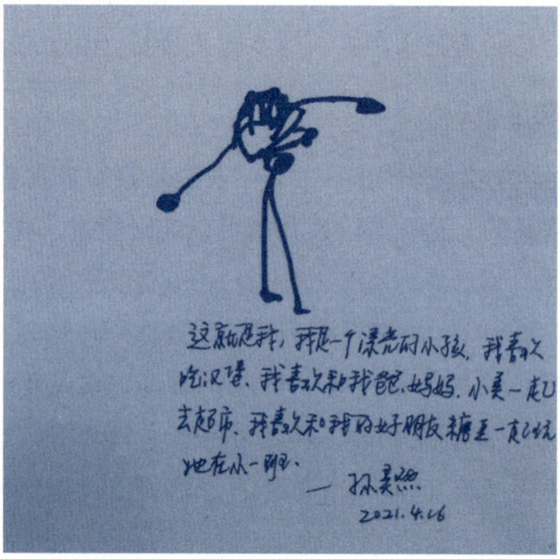

3 岁幼儿的自画像

知识链接

“自我介绍”游戏

游戏规则：幼儿只要回答老师随机提出的问题即可。

游戏内容：幼儿教师设置与自我意识相关的符合幼儿年龄段的问题，如你的全名是什么？小名是什么？上次过生日吹灭蜡烛的数目是多少？你们家养过什么动物？你最喜欢吃什么东西？你最喜欢的动画人物是谁？你最喜欢星期几？最喜欢哪个季节？最喜欢什么花？最喜欢什么运动？最擅长的事情是什么？……

三、学前儿童自我意识的发展特点及典型表现

不同年龄段的幼儿，其自我意识的发展特点及典型表现各有不同，我们应对小班（3～4岁）、中班（4～5岁）、大班（5～6岁）这三个年龄阶段分别加以分析。

（一）小班幼儿自我意识的发展特点及典型表现

小班幼儿表现出强烈的自我意识，强调以自我为中心，具有鲜明的独占意识，不愿理解也无法理解别人的想法。大多数小班幼儿是以“自我”为中心理解周围的事情。

小班幼儿自我意识发展的典型表现为：（1）能说出一些自己会做的事；（2）知道和自己一起生活的家庭成员；（3）能说出自己的家庭住址及家长的电话；（4）对自己的行为或做出的成果感到满意；（5）敢在熟悉的人面前说话或表演；（6）受欺负时能寻求帮助；（7）能在成人的鼓励下做一些力所能及的事；（8）敢在熟悉的人面前说出自己的想法。

对点案例

小班幼儿正在操场上活动，岩岩拿了个沙包玩着，可当他看到凯凯在玩拉力器时，冲过去就抢过来玩，凯凯只好走开去玩别的了。

第二天，芳芳正津津有味地用积木搭房子，岩岩看到后又二话不说，过去抢了积木就走，芳芳搭的房子一下子就塌了。芳芳委屈地哭了起来：“老师，他抢我的积木！”岩岩说：“不，这是我的，我要玩儿。”岩岩妈妈也反映，最近岩岩在家里也总是对妈妈说的话进行反驳，总是说“我就不”。

（二）中班幼儿自我意识的发展特点及典型表现

中班幼儿的自我意识丰富了很多，从对自己身体特征的认知逐渐发展到对自己社会角色和心理活动的意识。中班幼儿自我意识的发展，表现在他们已经对自我形成了某种看法（如我是漂亮的孩子），而这些自我认识基本上是家长、同伴、教师平时对幼儿评价的翻版。

中班幼儿依然具有一定的自我中心的特点，但经过小班一年的幼儿园集体生活，他们能把自己的行为与别人联系起来，并能对自己或他人的具体行为进行肯定或否定的评价。

中班幼儿自我意识发展的典型表现为：（1）知道自己的兴趣爱好；（2）能说出

父母的工作和主要爱好；（3）能说出自家的村名或街名、小区名；（4）为自己的优点和长处感到自豪；（5）敢在不熟悉的人面前说话或表演；（6）受欺负时能据理力争；（7）敢于尝试有一定难度的活动；（8）能根据自己的兴趣和需要选择游戏或其他活动；（9）在同伴群体或集体中能说出自己的想法和意见。

对点案例

中班的果果因打了人而没有拿到小红花，而其他小朋友都拿到了。离园时妈妈来接她，她不肯回家，非要拿到小红花才肯离园。经过老师和家长的解释，她明白了打人不对，不能奖励小红花。

从第二天起，她自觉控制自己的行为，每天都要问老师："我今天表现好吗？"一天，老师说她有进步，给了她一朵小红花，果果高兴极了。

（三）大班幼儿自我意识的发展特点及典型表现

大班幼儿已经具有了认识自我的能力，能够初步认识到自己在班级中的位置，能够意识到自己的外部行为和心理活动，并形成独立的自我评价。大班幼儿已开始注意到社会角色扮演所应具备的特点，出现了"社会自我"的发展倾向；同时，大班幼儿的自我控制能力有了较大的提高。

大班幼儿自我意识发展的典型表现为：（1）知道哪些事是自己现在能做的，哪些事现在还做不到；（2）能大致评价自己好的方面和不足之处；（3）知道自己家庭的主要亲属及其与自己的关系；（4）能说出自己居住的省、市（县或区）名称；（5）能接纳自己的相貌和身体特征；（6）敢在较多的人面前说话或表演；（7）能拒绝别人的不合理要求，也能接受别人的合理拒绝；（8）遇到困难时，能自己想办法解决，不轻易求助；（9）做事情时有自己的想法；（10）与同伴或成人的看法不同时，敢于表明自己的意见并说出理由。

对点案例

东东活泼开朗，争强好胜，做事情经常以自我为中心。东东三岁进入幼儿园时，总是随意离开座位，与小伙伴争抢玩具，自控能力较差。经过在幼儿园两年的学习与成长，五岁的东东升入大班时，自律性有了极大的提高。有一次，东东和妈妈一起等红灯时，妈妈说："反正没车，我们快过去吧。"东东却说："妈妈，红灯停，绿灯行。遵守规则才能保护自己，这是老师教我们的。必须得等绿灯亮了，咱们才能过马路。"看到东东的自控能力有了这么大的提高，妈妈由衷地感谢幼儿园老师对东东的教育和引导。

学习完本任务，相信你一定可以更为深入地回答“情景导入”部分的问题。

小猴子会用自己的尾巴换糖，原因在于小猴子不能把自己同周围的事物区别开来。而人则不同，人能够认识自己以及自己同周围世界的关系，即人有自我意识。

学习笔记

实践训练

制作学前儿童自我意识手抄报。

一、实训目标

（1）能够清晰地理解学前儿童自我意识的内涵。

（2）能够将学前儿童自我意识的相关知识传递给学前儿童家长。

（3）加强团队合作能力。

二、实训过程

（1）回顾学前儿童自我意识概述相关内容。

（2）以手抄报的形式呈现学前儿童自我意识概述相关内容。

（3）交流分享。

（4）将手抄报以适当形式传递给学前儿童家长。

三、实训要求

（1）以小组为单位制作手抄报。

（2）手抄报应图文并茂，可以呈现学前儿童自我意识概述的全部内容，也可以针对某一内容重点呈现。

（3）交流分享时语言表述清晰。

岗课赛证测验

岗课赛证测验

学习任务完成情况评价表

评价标准	自我评价（达到打√，未达到画○）	小组评价（达到打√，未达到画○）	教师评价（达到打√，未达到画○）
能够举例说明什么是自我意识			
能够描述学前儿童自我意识的产生和发展			
能够辨析不同年龄阶段学前儿童自我意识的发展特点及典型表现			
能够制作学前儿童自我意识手抄报			

任务二　学前儿童自我意识教育的意义与途径

情景导入

赵老师对大班幼儿做了一个小调查："你对自己满意不满意?"通过幼儿举手的方式，赵老师分别统计出了对自己"满意"和"不满意"的人数。赵老师发现有不少幼儿对自己有着种种的不满意：长得矮小，不够乖巧，不够漂亮……几乎每个幼儿都希望自己有漂亮的外貌、智慧的头脑、良好的人缘。

思考：赵老师该怎么引导幼儿去客观地认识和评价自己呢?

我的回答：

任务分析

幼儿教师可以通过专门的自我意识教育活动、小组讨论或组织游戏等方式引导幼儿展示自己的优点，分享自己做过的好人好事；同时引导幼儿发现别人的长处，并愿意向同伴学习。也可以通过各种活动引导幼儿说出自己的优点和不足，并说出好朋友的优点和不足；引导幼儿思考好朋友什么地方值得学习，自己什么地方需要改正。

知识准备

名人名言

儿童有与生俱来的“内在生命力”，这种内在生命力具有无穷的力量，教育者要让儿童通过这种力量获得自然的、自由的发展。

——蒙台梭利

没有自我教育就没有真正的教育。

——苏霍姆林斯基

自我意识是个体意识的核心，在个体适应生活和调节心理健康方面有着重要意义。学龄前期是自我意识各个方面发展的重要时期，我们应该抓住这一时期，对学前儿童进行自我意识教育，帮助学前儿童树立正确的自我认知、获得良好的自我体验、培养有效的自我控制能力等。

一、学前儿童自我意识教育的积极意义

学前儿童自我意识教育能够使学前儿童在自我认知、自我体验、自我控制等方面都获得极大的发展与进步。可见，学前儿童自我意识教育对学前儿童发展具有极其重大的意义，要加强学前儿童自我意识的培养，帮助他们形成正确的自我意识。

（一）学前儿童在自我认知教育中认识自我

学前儿童自我认知教育主要包括对自己身高、体重、相貌等生理特征方面的认识；对自己兴趣爱好、能力、性格等心理特征方面的认识；对自己与教师的关系、自己与同伴的关系、自己在集体中的位置与作用等与他人关系方面的认识。这些学前儿童自我认知方面的教育，可以极大地拓展学前儿童的认知范围，是完善学前儿童人格特征的重要基础，也是个体实现社会化目标的重要保证，有利于学前儿童树立正确的自我意识。

对点案例

小班孙老师设计了"认识自己"系列社会活动。孙老师让幼儿人手一面小镜子，引导幼儿认识自己，说一说五官的名称，指一指五官的位置，看一看自己的小手；组织幼儿找到自己的好朋友，按性别把他们送到不同的"化妆间"。经过一系列"认识自己"的活动，幼儿初步了解了自己的性别，认识了五官，知道了自己部分身体部位的名称。

（二）学前儿童在自我体验教育中享受成功

在幼儿园中，教师可以采用集体教学、区域活动、游戏活动等形式，引导学前儿童在看、听、画、讲等多方面尝试自我体验，鼓励学前儿童用语言表达自己的感受和心情。这种学前儿童自我体验教育整合了情感、态度、能力和知识等要素，有助于学前儿童获得全面的发展。通过引导学前儿童体验生活、自然、社会与艺术之美，可以极大地完善学前儿童的人格，使学前儿童在自我体验中享受成功。

对点案例

辉辉今年刚上幼儿园。瞧！他开始创作自己的第一幅绘画作品了。只见他先画了一个大大的不规则圆形，又在里面画上了两个大小不一的圆形，在大圆外两侧画了几条长短不一的斜线。他兴冲冲地拿着画给于老师看："老师，你看，我画的是只可爱的小鸟！"于老师接过去，一边仔细看，一边说道："辉辉画得很好。老师看出来了，这是小鸟的头，这是小鸟的眼睛，两边的是翅膀，它在飞翔。"辉辉心里乐滋滋的，觉得自己很成功。他更加起劲地画起小鸟来，还给小鸟增加了"尖尖的嘴巴""大大的爪子"。辉辉画得越来越有模有样了。

（三）学前儿童在自我控制教育中增进交往

随着学前儿童年龄的增长，对学前儿童自我控制的教育，应越来越注重社会道德规范和社会责任心等方面。幼儿教师一般会要求学前儿童在集体中遵守规则和纪律、使自己的行为服从于集体活动的目的和要求、不能随心所欲地侵犯别人的利益等，有目的、有意识地主动引导、启发学前儿童去锻炼自己的自制力，提高人际交往能力。

对点案例

中班的郝老师发现，堂堂在上课时总是一开始坐得很端正，几分钟后就会站起又坐下，安静不了几分钟就要么离开座位要么找其他小朋友讲话。小朋友都不愿意挨着堂堂。

针对这一现象，郝老师有意识地去培养堂堂的自我控制能力。在读书角阅读完，郝老师亲切地对堂堂说："堂堂，这些绘本想家了，我们一起送它们回家好吗？"堂堂高兴地答应了，跟郝老师一起整理他乱丢的书本和玩具，并进行归位。上课时，郝老师将堂堂安排在教师容易顾及的地方，一旦发现堂堂想离开座位，就赶紧用眼神或手势示意堂堂坚持坐好，并当众表扬他"堂堂坐得又端正又笔直，进步真大啊"，以此及时督促他集中精力上课。郝老师还将堂堂的表现及时反馈给家长："这段时间，堂堂的进步很大，能够主动整理玩具，上课时注意力也很集中，自我控制能力提高了很多！"堂堂妈妈听后高兴地亲了堂堂一口："儿子真棒！"渐渐地，堂堂整理图书和玩具更积极了，上课时注意力也更集中了，也不再打扰其他小朋友了。

二、学前儿童自我意识的培养途径

人的先天素质只是自我意识发生和发展的前提，对学前儿童形成正确的自我意识起决定作用的其实是社会交往和社会活动。我们可以通过以下途径与方法，帮助学前儿童形成正确的自我意识。

（一）在幼儿园一日生活中帮助学前儿童树立正确的自我意识

教师要抓住学前儿童园所生活中的每一个契机来帮助学前儿童树立正确的自我认识，如通过盥洗、进餐、喝水、午睡等看起来较为烦琐的日常活动环节，发展学前儿童的自理能力和独立能力。当学前儿童逐渐学会自己吃饭、自主如厕，就不会再一味地依赖教师和家长；当他们学会自己叠被子、整理床铺、排队喝水，就会增强自己做事的自信心。在多次的成功体验中，学前儿童能够进一步正确认识自我。

（二）建立良好师幼关系，对学前儿童进行正向积极的评价

《幼儿园教育指导纲要（试行）》在社会领域中明确提出了使幼儿"能主动地参与各项活动，有自信心"的教育目标；提出了应该"为每个幼儿提供表现自己长处和获得成功的机会，增强其自尊心和自信心"的教育要求。因此，幼儿教师要与学前儿童建立良好的师幼关系，对学前儿童进行正向积极的评价，培养其自信心。

1. 与学前儿童建立相互尊重的师幼关系

要想使学前儿童树立自尊并受到他人尊重，做出积极的自我评价，教师首先要起到榜样示范作用，以实际行动向学前儿童展示如何平等地对待他人、尊重他人。因此，教师应与学前儿童建立起相互尊重的良性师幼关系，帮助学前儿童做出积极的自我评价。教师要用亲切的微笑、和蔼的言语与学前儿童交流，让学前儿童从教师的眼神、动作和话语中感受到关爱和尊重，体验到自己的价值，体会到被爱的喜悦。

2. 教师对学前儿童的期待和评价应正向积极

由于学前儿童的评价具有依从性，教师对学前儿童的期待与评价会深刻影响学前

儿童的自我评价，所以，教师应积极地对学前儿童的良好行为给予充分的肯定，并对学前儿童的良好行为抱有真切的期待，使他们能够感受到自我能力的增强，并做出更好的积极行为。如当学前儿童可以从事简单的劳动（扫地、擦桌椅等）时，教师要及时夸奖他很能干，以进一步增强学前儿童的自信心。

（三）设计专门的自我意识教育专题活动，发展学前儿童良好的自我意识

不同年龄班幼儿各有其年龄特征，教师可以根据学前儿童年龄特征，设计专门的自我意识教育专题活动，帮助学前儿童发展良好的自我意识。

针对小班幼儿，教师可以开展适应新环境的主题活动。如简单介绍自己，表达自己的爱好，了解幼儿园中的物品等；针对中班幼儿，教师可以跟幼儿共同探讨分析，也可以组织角色游戏，让幼儿扮演社会人物或者绘本人物，从中体验自我认可的快乐；针对大班幼儿，可以继续拓展自我意识教育内容的广度和深度，引导幼儿关心身边发生的热点事件，通过组织幼儿辩论、绘画、表演等多种方式来让幼儿表达自己的想法，帮助幼儿拓展看待问题的角度，逐渐克服自我中心的倾向，从而体验到自我的价值。

实践证明，设计有针对性的教育活动，可以促使学前儿童萌发积极的自我评价。教师应在日常教学活动中，增加区域活动和自由游戏的时间比例，使学前儿童有机会自主选择自己想玩的游戏，能够按照自己的想法去开展活动。

（四）通过家园合作，与家长合力促进学前儿童自我意识发展

教师应树立正确的家园合作观念，积极与家长交流协作，不能简单地认为教育就是教师的工作，而忽略家长的作用。教师应积极向家长了解学前儿童的心理、行为等情况，并向家长提供合适的建议及适宜的教育方式。教师可通过家长学校、校园讲座、书面交流、网络联络等方式，让家长认识到学前儿童体验成功的重要性，指导家长正确地评价学前儿童，注意发现学前儿童的优点，多给予支持和鼓励，增强其自信心。

（五）利用游戏活动，培养学前儿童良好的自我意识

游戏是学前儿童的基本活动，是学前儿童主动学习的重要方式，深受学前儿童喜爱。幼儿教师一定要善于利用游戏活动，培养学前儿童积极的自我意识。丰富的游戏经验会帮助学前儿童做出更加客观、积极的自我评价。

1. 在游戏活动中，培养学前儿童的自我控制能力

当学前儿童在游戏中因为争抢玩具而即将相互攻击时，教师可以通过让学前儿童学着用具体的话语表达需要来解决矛盾。如告诉学前儿童可以这样说："我们可以轮流玩吗？""你还需要玩多久才能让我玩？"事实证明，在游戏中，如果教师给予学前儿童

明确且具体的指导，则可以很好地促进学前儿童自我控制能力的发展，尤其是在身体行动方面。

2. 在游戏活动中，使学前儿童逐渐“去自我中心化”

比如在角色扮演游戏中，如果学前儿童只关心自己扮演什么角色，而不与他人协调角色分配，则不能获得良好的游戏体验。教师可以帮助学前儿童合理分配角色，使学前儿童将自我与集体相互协调，感受游戏的快乐，进一步获得积极的自我意识。

3. 在游戏活动中，对学前儿童的亲社会行为给予一定的奖励

在游戏活动中，教师可以对表现出谦让行为和集体意识的学前儿童给予小红花、小贴画等奖励，对学前儿童的亲社会行为进行表扬；对不能较好协调自我与集体的学前儿童，则不给予奖励，同时告诉他得不到奖励的原因，提醒他应怎样做才能争取到想要的奖励，以此帮助学前儿童逐步学会协商合作，克制自己，培养正确的自我意识。

学习完本任务，相信你一定可以更为深入地回答“情景导入”部分的问题。

针对大班幼儿的自我认知情况，赵老师可以通过建立良好的师幼关系、一日生活中自信心的培养、设计专门的自我意识教育专题活动、家园合作和游戏活动等，促进学前儿童自我意识的发展。

学习笔记

实践训练

培养学前儿童正确的自我意识。

一、实训目标

（1）能够理解学前儿童自我意识的培养途径。

（2）能够选择其中一种途径，模拟呈现学前儿童自我意识的培养。

二、实训过程

（1）回顾学前儿童自我意识的培养途径的相关理论内容。

（2）选择一种学前儿童自我意识的培养途径。

（3）模拟展示学前儿童自我意识的培养。

三、实训要求

（1）以小组为单位模拟展示。

（2）模拟展示的内容适合所选择的学前儿童自我意识培养途径。

岗课赛证测验

岗课赛证测验

学习任务完成情况评价表

评价标准	自我评价（达到打√，未达到画○）	小组评价（达到打√，未达到画○）	教师评价（达到打√，未达到画○）
能够理解学前儿童自我意识教育的积极意义			
能够根据实际情况，灵活选择学前儿童自我意识的培养途径			

任务三 学前儿童自我意识教育活动的设计与实施

情景导入

刚开学不久，上小班的明明就哭着跑过来对张老师说："浩浩咬我。"只见明明手上有一道深深的牙齿痕迹，别的小朋友见明明哭了，也都跑过来看热闹。这时候，佳佳也跑过来告诉张老师："浩浩打我，还跟我抢积木。"但浩浩却若无其事，正在玩着刚刚抢来的积木。

思考：对于浩浩这样的孩子，教师可以设计哪些学前儿童自我意识教育活动呢？

我的回答：

任务分析

面对学前儿童出现的各种各样的自我认知、自我体验、自我控制方面的问题，教师可以通过设计丰富多样的学前儿童自我意识教育活动，对全班或小组或个人进行自我意识教育，引导学前儿童正确认识自己，并学会描述自我体验，增强自我控制能力。

知识准备

名人名言

对想做爱做的事要敢试敢为，努力从无到有、从小到大，把理想变为现实。

——习近平

儿童通过自立获得身体的独立；通过自由地使用其选择能力获得意志上的独立；通过没有干扰的独立工作获得思想上的独立。

——蒙台梭利

不同年龄班的学前儿童在自我意识的发展方面有不同的特点及典型表现，教师应该根据小班（3～4岁）、中班（4～5岁）、大班（5～6岁）这三个年龄阶段学前儿童的发展特点，有针对性地分别进行自我意识教育活动的设计与实施。

一、小班幼儿自我意识教育活动的设计与实施

根据已经掌握的小班（3～4岁）幼儿在自我认知、自我体验和自我控制方面的发展特点和典型表现，教师可以有针对性地设计以下有关小班幼儿自我意识教育内容的活动方案：

（1）我的小名（自我认知）。

（2）我的小手真能干（自我体验）。

（3）生气了怎么办？（自我控制）。

对点案例

小班社会活动：我的小名

活动目标

（1）能响亮地说出自己和同伴的小名，体会小名的亲昵感。

（2）理解小名是家人对自己表达喜爱的方式，初步感知自己小名的寓意。

（3）对自己的名字产生喜欢的情感。

活动准备

（1）经验准备：向父母了解自己小名的来历，为什么叫这个小名；了解身边还有哪些小朋友有小名，小名是什么。

（2）物质准备：家长录音，自制绘本《我的小名和大名》《头、肩膀、膝盖、脚》，伴奏音乐，一体机。

活动过程

（一）谈话导入，介绍自己的小名

师幼围坐成一个圆圈。

师：孩子们，在家里爸爸妈妈喜欢叫你什么呢？

（请幼儿自主回答）

师：大家有没有发现，爸爸妈妈平时对你们的称呼和你们原本的名字不一样呢，其实呀，这些称呼都是你们的小名。

师：老师也有小名，我们一起来大声地介绍一下自己的小名吧。（引导幼儿按照“我的小名叫 ×××”的句式进行描述）

师：介绍完自己的小名，你们有什么发现吗？

师：是的，我们发现有小朋友的小名和别人是一样的。请小名相同的小朋友来相互拥抱一下吧。

小结：我们每个人不仅有自己的大名，还有小名。小名和大名一样，也是我们的名字。我们发现，有的人小名和别人是一样的，也有很多人的小名不一样。

（二）进行音乐游戏，了解同伴的小名

师：现在我们来玩一个有趣的游戏，请你们仔细听我们唱了什么。（教师和配班老师示范玩法）

幼儿集体玩游戏，在边唱边走中寻找不同的朋友，记住同伴的小名。

师：玩了游戏后，你们记住了哪些小朋友的小名？看谁记得多。

师：现在我们记住了一些小朋友的小名，以后玩游戏的时候可以喊他们的大名，也可以喊他们的小名。

（三）谈论小名的来历，体会小名的寓意

师：你喜欢你的小名吗？你的小名是谁起的？你知道爸爸妈妈为什么给你起这个小名吗？

幼儿根据事先的了解，说说自己小名的来历。

师：听了大家的介绍，我发现有的小名很特别，比如“左左”和“右右”，因为他们是双胞胎；还有的小名就叫“二宝”，因为他是弟弟；还有的小名也很有意义，比如“核桃”，是因为妈妈怀孕时最喜欢吃核桃，所以叫他“核桃”。

师：除了妈妈，还有哪些人喜欢喊你的小名呀？听到别人喊你小名的时候，心里感觉怎么样?

师：今天老师还给你们带来了小惊喜哦！(播放爸爸妈妈录制的视频，并鼓励幼儿说出自己的感受)

小结：爸爸妈妈很爱自己的宝宝，把对宝宝的关心也放在了小名中。有的希望宝宝健康，有的希望宝宝聪明，有的希望宝宝成为有本领的人……每个小朋友的小名都蕴含了爸爸妈妈深深的爱。

(四) 欣赏自制电子绘本，激发幼儿对自己名字的喜爱之情

教师组织幼儿集体欣赏绘本，并尝试用自己的大名和小名交替讲述绘本。

小结：小名和我们的大名一样，都是对我们的称呼，都包含了家人对我们的爱。等我们越长越大，可能喊我们小名的人会越来越少。但是，小名和大名都是爸爸妈妈给我们的爱的礼物，我们要好好珍惜哦！

活动延伸

回家后与家长分享自制绘本内容。

附自制绘本内容：

我的小名和大名（原创）
我出生了。
全家人都爱我。
他们给我起了两个名字，
一个叫（小名），一个叫（大名）。
晚上，当我睡觉的时候，
妈妈叫我——（小名）
我发现，当妈妈高兴的时候，叫我——（小名）。
当妈妈生气的时候，叫我——（大名）。
当我一个人玩的时候，
小熊叫我——（小名）。

我上学了，老师叫我——（大名）。
我跑步得了第一名，奖状上的名字是——（大名）。
当我长大了，可能成为一名医生或者警察，
大家叫我——（大名）。
我想，有一天，我会结婚，他们会喊我——（大名）。

可是，不管我是叫（小名），还是叫（大名），
我永远都是爸爸妈妈的心肝宝贝。
他们永远都爱我。

资料来源：许卫华．小班社会活动：我的小名［J］．今日教育（幼教金刊），2021（Z1）：93-95.

二、中班幼儿自我意识教育活动的设计与实施

根据已经掌握的中班（4～5岁）幼儿在自我认知、自我体验和自我控制方面的发展特点和典型表现，教师可以有针对性地设计以下有关中班幼儿自我意识教育内容的活动方案：

（1）逐渐长大的我（自我认知）。

（2）多变的情绪（自我体验）。

（3）做个好赢家（自我控制）。

对点案例

中班社会活动：多变的情绪

活动目标

（1）知道每个人都会有情绪，初步了解不同情绪对人身体的影响。

（2）能正确表达自己的情绪，学习保持好情绪的方法。

（3）保持高兴愉快的情绪，乐意帮助他人。

活动准备

（1）经验准备：会玩掷骰子，知道常见的几种情绪。

（2）物质准备：表示喜、怒、哀、惧四种情绪的小怪兽卡片，贴有各种表情的大骰子，爱心小怪兽等。

活动过程

（一）感知颜色——观察情绪

1. 出示自主签到图片，引发讨论

师：小朋友们，又到了我们的分享时间了。

这是一张小朋友们早上自主签到的图片，这张图片里有哪些表情？谁能来分享一下你今天的心情？

小结：原来我们每个人的心情都会不一样。

2. 认识情绪小怪兽

师：前两天我们看了绘本《我的情绪小怪兽》，今天情绪小怪兽来到了我们班。看，它身上都有些什么颜色？

小结：情绪小怪兽身上的每一种颜色都代表着一种情绪。

（二）情境体验——认识情绪

师：情绪小怪兽今天心情很混乱、很糟糕，因为它把所有的情绪都混在了一起，就像你看到的它身上的颜色一样，那我们有什么办法帮助它呢？老师这里有几个瓶子，我们一起帮它整理一下情绪吧！

分别认识喜、怒、哀、惧四种情绪。

师：这是什么颜色的小怪兽？它的表情是什么样子的？我们一起学一学，并想想自己什么时候会有这种情绪。

师：我们每个人心里都住着开心、生气、伤心、害怕四种情绪，这四种情绪中你最喜欢什么情绪呢？为什么呢？

小结：每天保持积极的情绪对我们身体健康很重要。

（三）运用经验——说说情绪

1. 游戏巩固四种情绪体验

师：老师这里有个大骰子，骰子的每一面都有一个表情，骰子掷到哪一面，你就要做出相应的表情，请大家猜猜你要表达的是什么情绪。

师：如果你遇到了不好的情绪，怎样才能让自己开心起来呢？

小结：当我们伤心的时候，可以想一些开心的事情或者看一些搞笑的动画片；当我们生气的时候，可以自己一个人安静地待会儿或者找亲近的人说说话；当我们遇到害怕的事情时，可以找个人陪伴，这样就会让我们开心起来。

2. 运用经验，操作体验

师：刚才我们说了那么多的好方法，你们可以帮助生气、伤心、害怕的小怪兽，让它们也变得开心起来吗？

师：请小朋友们到前面来选一张图片，将变开心的方法贴在需要的小怪兽身上，让它们也变得开心起来。

小结：今天，我们用了很多好方法帮助小怪兽变得开心起来。当我们不开心时，也可以运用这些方法让自己变得开心起来哦！

（四）延伸迁移——认识爱

师：情绪小怪兽弄丢了一种颜色，你们能帮它找回来吗？它代表着什么情绪？（出示爱心小怪兽）

师：看，这是什么小怪兽？它的名字只有一个字“爱”，我们怎样才能做一个有爱的小朋友呢？

小结：原来呀，帮助了别人，就能让我们开心、快乐。让我们一起做有爱的小朋友吧！

活动延伸

在绘画区绘制所知道的情绪。

资料来源：徐慧，李晓雯．中班社会活动：多变的情绪［J］．今日教育（幼教金刊），2022（5）：47-49.

三、大班幼儿自我意识教育活动的设计与实施

根据已经掌握的大班（5～6岁）幼儿在自我认知、自我体验和自我控制方面的

发展特点和典型表现，教师可以有针对性地设计以下有关大班幼儿自我意识教育内容的活动方案：

（1）我从哪里来（自我认知）。

（2）我是妈妈的小帮手（自我体验）。

（3）我高兴，我快乐（自我控制）。

对点案例

大班社会活动：我从哪里来

活动目标

（1）感知生命孕育过程的美好，会用多种方式表达自己的想法。

（2）了解生命的起源，知道自己从哪里来。

（3）体验妈妈孕育孩子的辛苦，增进关心和爱爸爸妈妈的情感。

活动准备

（1）经验准备：活动前，幼儿已在家看过爸爸妈妈的结婚照以及妈妈怀孕时的照片。

（2）物质准备：电子幻灯片课件（内含绘本故事《小威向前冲》）；画板、马克笔、波波球人手一份。

（3）环境准备：布置以妈妈孕育过程为主题的照片墙。

活动过程

（一）参观“爱的小屋”，感知生命孕育过程的美好，尝试表达自己的想法

1. 说一说自己的观察和发现，感知新生命孕育过程的美好

师：孩子们，欢迎来到“爱的小屋”，请你们和好朋友们说一说在“爱的小屋”里都看到了什么。

幼儿自由参观交流。

2. 引导幼儿讨论生命孕育的过程

引导幼儿讨论小宝宝是怎么藏到妈妈肚子里的，让幼儿把自己的想法画下来并与同伴分享。

师：小宝宝是怎么藏进妈妈肚子里的呢？把你的猜想画下来。

幼儿表征并分享。

（二）欣赏《小威向前冲》绘本故事片段，了解生命的起源

1. 结合电子幻灯片欣赏绘本故事片段，知道“我”从哪里来

师：到底小宝宝是怎么藏到妈妈肚子里的呢？我们跟着小威一起来看看。

师幼共同欣赏绘本故事。

2. 讨论并用肢体动作表现小宝宝在妈妈肚子里会做什么事情

师：当你们还在妈妈肚子里的时候，都会做些什么事情呢？我们一起用动作表现出来。

幼儿肢体再现。

小结：爸爸妈妈相爱结婚后，爸爸身体里的精子和妈妈身体里的卵子相结合形成了受精卵，它在妈妈的肚子里慢慢长大变成小宝宝。小威就是在爸爸妈妈的爱里来到这个世界上的，我们也都是哦！

（三）在游戏中体验当“小妈妈”，感知妈妈孕育过程的辛苦

1. 在游戏中体验当“小妈妈”，进一步理解妈妈孕育过程的辛苦

师：请小朋友们脱下鞋子，把波波球放进衣服里，我们体验一下妈妈怀孕时做事情、穿鞋子的感觉。

幼儿进行体验。

2. 分享游戏体验后的感受，激发幼儿爱妈妈的情感

师：你们感觉肚子变大后，运动、穿鞋子和平时有什么不一样吗？

幼儿自由交流。

小结：每个妈妈的肚子里都有一个子宫，就像小房子一样。怀孕后，妈妈的肚子会随着宝宝的长大而变大，这段时间会非常辛苦，做什么事都不方便，所以我们要懂得感谢妈妈，做一个有爱的孩子。

（四）分享总结

引导幼儿讨论怎么用行动感恩爸爸妈妈，进一步增进幼儿关心和爱爸爸妈妈的情感。

师：爸爸妈妈养育我们这么辛苦，你们有什么话想跟爸爸妈妈说呢？

师：除了用语言来表达我们的爱，还可以用什么方式来感恩爸爸妈妈？

活动延伸

（一）家园互动

（1）幼儿回家用行动向爸爸妈妈表达感恩之情。

（2）阅读《我也想有个小宝宝》《妈妈，我从哪里来》等绘本，家长和幼儿在家进行亲子共读，体会生命孕育过程的美好。

（二）区角活动

（1）在美工区投放超轻黏土、勾线笔等材料，支持幼儿表征小宝宝孕育的过程。

（2）在角色区创设妇产医院，让幼儿模拟孕妇产检，如听胎心、做B超、称体重等，进一步体验妈妈孕育宝宝的辛苦。

资料来源：周亮亮，黄志芳，李青，吴丽芳．大班社会活动：我从哪里来［J］．福建教育，2022（12）：58-60.

学习完本任务，相信你一定可以更为深入地回答“情景导入”部分的问题。

教师可以开展有针对性的自我意识教育集体活动，在集体活动中，通过看一看、想一想、说一说、画一画、演一演等方式，直观形象地促使幼儿提升自我控制能力，进而促进其良好个性的形成和发展。

学习笔记

实践训练

模拟教学：学前儿童自我意识教育。

一、实训目标

根据所学知识，选择本任务中的某一个对点案例的教案，开展学前儿童自我意识教育的集体教学。

二、实训过程

（1）回顾学前儿童自我意识教育活动的设计与实施的相关内容。

（2）选择对点案例。

（3）开展模拟教学。

（4）交流分享，写出活动反思。

三、实训要求

（1）活动目标明确；活动准备充分；活动过程完整，并注重师幼互动；能够呈现活动延伸的内容。

（2）教态适宜，语言规范，条理清楚，逻辑性强，表达流畅。

岗课赛证测验

岗课赛证测验

学习任务完成情况评价表

评价标准	自我评价（达到打√，未达到画○）	小组评价（达到打√，未达到画○）	教师评价（达到打√，未达到画○）
能够设计针对不同年龄段学前儿童的自我意识教育活动			
能够实施针对不同年龄段学前儿童的自我意识教育活动			
能够评价针对不同年龄段学前儿童的自我意识教育活动			

项目小结

本项目主要包括三个任务：学前儿童自我意识概述；学前儿童自我意识教育的意义与途径；学前儿童自我意识教育活动的设计与实施。

自我意识包括知、情、意三个层面，由自我认知、自我体验和自我调节（或自我控制）三个子系统构成。0～6岁幼儿自我意识的发展是一个渐进的过程，通常将其分为四个阶段：自我感觉的发展（1岁前）、自我认识的发展（1～2岁）、自我意识的萌芽（2～3岁）、自我意识各方面的发展（3～6岁）。小班（3～4岁）、中班（4～5岁）、大班（5～6岁）幼儿在自我意识的发展特点及典型表现方面各有不同。

学前儿童自我意识教育能够使学前儿童在自我认知、自我体验、自我控制等方面都获得极大的发展与进步。学前儿童自我意识的培养途径包括：在幼儿园一日生活中帮助学前儿童树立正确的自我意识；建立良好师幼关系，对学前儿童进行正向积极的评价；设计专门的自我意识教育专题活动，发展学前儿童良好的自我意识；通过家园合作，与家长合力促进学前儿童自我意识发展；利用游戏活动，培养学前儿童良好的自我意识。

不同年龄班学前儿童在自我意识的发展方面有不同的特点及典型表现，教师应该根据小班（3～4岁）、中班（4～5岁）、大班（5～6岁）这三个年龄阶段学前儿童的发展特点，有针对性地分别进行自我意识教育活动的设计与实施。

项目四

学前儿童人际交往教育

对学前儿童而言，人际交往是一种最基本的需要。从幼年起，儿童就会有强烈的寻找伙伴进行交往活动的倾向，这是社会性的一种反应。人际交往可以为学前儿童提供与同伴协作、共同完成任务的条件和机会，帮助他们学会理解他人，学会辨别是非。在人际交往中，他们有充分的表达情感的机会，能够获得愉快的情绪体验，同情心和责任感也能得到发展。人际交往还能帮助学前儿童逐步掌握社会道德规范和人际交往规范，促进其语言能力的发展，从而极大地促进学前儿童智力的发展。

学习目标

1. 掌握学前儿童人际交往的含义、发展特点及学前儿童人际交往教育的年龄阶段目标；
2. 理解学前儿童人际交往的类型、意义与教育途径；
3. 掌握学前儿童人际交往教育活动的设计与实施；
4. 坚持“以人为本”，培养学前儿童积极的交往观，传播社会正能量。

学习内容

项目四　学前儿童人际交往教育

- 任务一　学前儿童人际交往概述
- 任务二　学前儿童人际交往类型、意义与教育途径
- 任务三　学前儿童人际交往教育活动的设计与实施

项目四导学

任务一　学前儿童人际交往概述

情景导入

壮壮上幼儿园已经两个月了，但他每天去幼儿园的路上都不高兴，到幼儿园后也非常安静，总是自己坐在角落里，游戏活动时也只是站在一旁观看。壮壮回家后能把老师教的儿歌和讲的故事复述出来，也能说出许多小朋友的名字，但他从来不主动与其他小朋友玩儿。在家长面前，他非常活跃，但有陌生人靠近他时，他就会躲到家长身后。家长很是困惑，不知怎样才能改变这种现状。

思考：在幼儿园，总会有像壮壮这样的孩子。教师该怎么帮助他呢？

我的回答：

任务分析

学前儿童只有在人际交往过程中，才能逐步发展心理能力和社会性，为其一生的发展打下良好的基础。因此，帮助学前儿童发展良好的人际交往能力是学前儿童社会教育一个非常重要的任务。

学前儿童人际交往既有一般性特点，也有年龄阶段特点及表现。幼儿教师应该了解并掌握这些特点及表现，根据其年龄特征，有针对性地培养学前儿童良好的个性品质、道德行为，使其人际交往能力从一开始就能沿着正确的道路向前发展。

知识准备

名人名言

对儿童的友善、亲切和喜爱并非空泛的表象，而是充满人性的、真实的、满怀信任的。这是一股强大的力量，可以挖掘人身上的一切美好，让孩子成为理想中的样子。

——苏霍姆林斯基

儿童教儿童，是有效的教学原则，希望它能与“儿童互助运动”密切配合，使人类文化得一份推动之力。

——陈鹤琴

学前儿童人际交往包括与成人的接触和与同伴的交流两大部分。学前儿童人际交往的一般性特点主要为交往对象的多样性、交往形式的灵活性和交往内容的宽泛性。学前儿童人际交往在不同的年龄阶段又有不同的特点，其人际交往教育目标也有不同的侧重点。

一、学前儿童人际交往的含义

学前儿童人际交往是指学前儿童在与成人的接触、交流或与同伴的共同游戏、学习、生活等过程中，运用语言或者非语言符号系统相互沟通、交流情感的活动，是其逐步学会表达自己的愿望，了解别人的情绪和想法，调节自己的行为，促进相互之间的理解和协调，并使这种关系得到延续和保持的活动。

知识链接

《3～6岁儿童学习与发展指南》在人际交往的“目标1　愿意与人交往”方面提

出了以下教育建议：

（1）主动亲近和关心幼儿，经常和他一起游戏或活动，让幼儿感受到与成人交往的快乐，建立亲密的亲子关系和师生关系。

（2）创造交往的机会，让幼儿体会交往的乐趣。如：

利用走亲戚、到朋友家做客或有客人来访的时机，鼓励幼儿与他人接触和交谈。

鼓励幼儿参加小朋友的游戏，邀请小朋友到家里玩，感受有朋友一起玩的快乐。

幼儿园应多为幼儿提供自由交往和游戏的机会，鼓励他们自主选择、自由结伴开展活动。

二、学前儿童人际交往的发展特点

学前儿童人际交往既有人际交往的一般性特点，也有其年龄阶段特点。

（一）学前儿童人际交往的一般性特点

学前儿童人际交往的一般性特点主要为交往对象的多样性、交往形式的灵活性和交往内容的宽泛性。

1. 交往对象的多样性

学前儿童人际交往的具体对象可以是任何社会成员。只要身上有学前儿童所感兴趣的价值，就会成为其交往对象。因此，学前儿童的交往对象并不局限于同龄的伙伴，还包括其家族成员、街坊邻居、园所教师以及日常生活中所能接触到的其他人员等。

2. 交往形式的灵活性

学前儿童人际交往一般比较灵活而且复杂多变。他们的交往活动一般没有规定的程序，都是根据自身的具体需要来灵活进行。这一点区别于很多成人的人际交往形式与程序。

3. 交往内容的宽泛性

学前儿童人际交往的内容特别宽泛，既包括想法的交流，也包括争执和纠纷。随着学前儿童年龄的增长，对群体力量和集体荣誉的感知与关注等也可能会成为他们交流的内容。

（二）各年龄阶段学前儿童人际交往的发展特点

1. 小班幼儿（3 ～ 4 岁）人际交往的发展特点

小班幼儿主动交往意识不强，只会自己玩，大部分幼儿不会拿别人的玩具，但与同伴之间经常出现争执和纠纷。小班幼儿缺乏与人交往合作的能力，正确运用语言交往的能力差，具体表现在不善于主动地与人交谈，不善于用语言表达自己的想法与态度，也不善于根据不同的情境运用恰当的词句向对方做出应答、解决矛盾。

对点案例

可可是一名较为内向的小班幼儿。区域活动时，孙老师发图书给幼儿看，故意没给可可发书，孙老师告诉他："可可，请你和你旁边的小朋友一起看一本书，看完后你可以给你旁边的小朋友讲一讲你看到了什么、故事里有谁、发生了什么事情等。"过了一会儿，孙老师发现可可东张西望，根本没有与同伴一起看书，就主动提醒他旁边的幼儿："请你与可可一起看这本书，并且讲一讲书里的故事。"但这名幼儿却说："老师，可可根本不跟我一起看。我叫了他好几次了，我给他讲他也不听，也不跟我说话。"

2. 中班幼儿（4～5岁）人际交往的发展特点

中班幼儿的问题解决意识和是非观念随着年龄的增长而逐渐增强，但在同伴交往冲突的解决能力方面，比如在商量、容纳、分享等合作能力方面还需要幼儿教师的帮助。有些幼儿在小朋友当中人缘好、朋友多，和小伙伴一起玩的时候会让着别人；有些幼儿则不肯把自己的东西让给别人，在合作能力方面处于低水平。中班是"友谊"发展的关键时期。幼儿渴望友谊，但可能由于缺乏适宜的交往策略而发生不愉快的交往事件和冲突。在教师的引导下，中班幼儿能为集体服务，在集体活动中体验分工、做决定、配合、完成任务等过程，并感受到集体荣誉感，从而形成有凝聚力的同伴群体。

对点案例

中班"娃娃家"今天很热闹，"妈妈"在烧菜，"爸爸"在陪"孩子"玩游戏。教师扮演邻居来参观，看到满地都是玩具，就说："你们家太乱啦，我等会儿再来玩吧！""爸爸"和"孩子"一听立刻开始整理起来。过了一会儿，教师又来到"娃娃家"，看到了一个不一样的场景。教师开心地说："你们家真干净、真整洁，我愿意来你家做客！""爸爸""妈妈""孩子"都开心地笑了。

3. 大班幼儿（5～6岁）人际交往的发展特点

大班幼儿的人际交往能力有了很大的提高。他们更喜欢和同龄幼儿一起做游戏，与同龄伙伴之间的关系得到迅速的发展。大班幼儿对规则非常感兴趣，和同伴一起玩的时候，倾向于先建立规则，对方同意后才玩。这对大班幼儿来说是一种承诺和契约。

对点案例

大班的小朋友们都在认真地用彩泥做着自己的彩色面条。突然，甜甜对欣欣说："欣欣，你的面条怎么那么长？我的面条怎么这么短？"于是大家的目光全都聚集在了欣欣小朋友身上。欣欣说："你们把橡皮泥用手慢慢搓一搓，别弄断了，像我这样。"大家都学着欣欣的动作，慢慢地做起长长的、细细的面条来。

三、学前儿童人际交往教育的年龄阶段目标

学前儿童人际交往在不同的年龄阶段有不同的特点，其人际交往教育目标也有不同的侧重点。我们要掌握学前儿童人际交往各年龄段的发展特点和教育目标，抓住学前儿童各年龄段的人际交往教育重点，帮助他们逐步学习和掌握人际交往规范，提升人际交往能力。

（一）小班幼儿人际交往教育目标

（1）愿意和小朋友一起游戏。

（2）愿意与熟悉的长辈一起活动。

（3）想加入同伴的游戏时，能友好地提出请求。

（4）在成人指导下，不争抢、不独霸玩具。

（5）与同伴发生冲突时，能听从成人的劝解。

对点案例

小班的聪聪喊道："老师，勇勇打我手！"老师看过去，聪聪又不说话了，勇勇漫不经心地玩着手里的玩具。老师问勇勇："听说你打了小朋友？"勇勇说："他抢我玩具，我才打他的。"老师说："你的好朋友被你打了，他会伤心、会难过的。"勇勇不说话，但明显能看出他觉得自己做得不对。"要不你和好朋友抱一抱吧。你只是想和好朋友一起玩，对吗？"勇勇狠狠地点了点头，在老师的引导下，勇勇和聪聪拥抱和好了，又开心地玩了起来。

（二）中班幼儿人际交往教育目标

（1）喜欢和小朋友一起做游戏，有经常一起玩的小伙伴。

（2）喜欢和长辈交谈，有事愿意告诉长辈。

（3）会运用介绍自己、交换玩具等简单技巧加入同伴游戏。

（4）对大家都喜欢的东西能轮流玩、分享。

（5）与同伴发生冲突时，能在他人帮助下和平解决。

（6）活动时愿意接受同伴的意见和建议。

（7）不欺负弱小。

对点案例

露露是刚转来中班的女孩儿，在班上很少说话。有一天，老师组织小朋友们去操场，只有露露一动不动。一旁的琪琪说："你怎么不出去呀？"露露不作声，把头低下去。认识颜色时，小朋友都踊跃地举手，露露想举又不敢举。老师说："露露，你

能告诉老师这是什么颜色吗？”露露缓缓站起来，不说话。老师鼓励她：“不要怕。”她小声地说：“紫色。”老师让小朋友为露露鼓掌，并表扬了她。露露的眼神里有了光彩。

老师经常创造条件让露露多开口说话。过了一个月，露露活泼开朗了许多，和老师、小朋友的交流也比以前明显增多了。

（三）大班幼儿人际交往教育目标

（1）有自己的好朋友，也喜欢结交新朋友。

（2）有问题愿意向别人请教。

（3）有高兴的或有趣的事愿意与大家分享。

（4）能想办法吸引同伴和自己一起做游戏。

（5）活动时能与同伴分工合作，遇到困难能一起克服。

（6）与同伴发生冲突时能自己协商解决。

（7）知道别人的想法有时和自己不一样，能倾听和接受别人的意见，不能接受时会说明理由。

对点案例

大班的好好在一个人拼搭积木，不一会儿就搭了一座城堡。俊俊过来了，坐到了好好旁边，拿了一块积木，放在了好好原先搭的城堡上。“你看这样更好看了！”好好开心地拍了拍手。好好马上又拿了一块：“给你，我们一起搭吧！”两人一个人拿，一个人接，不一会儿城堡就搭得很高了。小朋友们都围过来，拍着手夸他们的城堡真漂亮。

学习完本任务，相信你一定可以更为深入地回答“情景导入”部分的问题。

壮壮在人群中总是非常安静，不愿参与游戏活动，害怕与陌生人交往或到陌生的地方去。这可能是因为壮壮天生容易害羞，且非常敏感，总是害怕自己的言行失当被人耻笑，久而久之，便羞于和人接触并讲话了。

幼儿教师应多为壮壮创设人际交往的环境，开展丰富多样的人际交往教育活动，提升壮壮的人际交往能力。

学习笔记

实践训练

分组设计角色表演，展示各年龄段学前儿童人际交往情景。

一、实训目标

能够理解学前儿童人际交往的一般性特点及年龄阶段特点。

二、实训过程

（1）分组依次表演小、中、大三个年龄班人际交往情景片段。

（2）理解并表现学前儿童人际交往的一般性特点及年龄阶段特点。

（3）交流分享，谈谈身边或接触过的学前儿童在人际交往中是如何具体表现这些特点的。

三、实训要求

（1）小组讨论并记录学前儿童在人际交往中的问题、表现。

（2）归纳出学前儿童人际交往的发展特点。

（3）交流分享时语言表述准确，条理清晰。

岗课赛证测验

岗课赛证测验

学习任务完成情况评价表

评价标准	自我评价（达到打√，未达到画○）	小组评价（达到打√，未达到画○）	教师评价（达到打√，未达到画○）
能够说出学前儿童人际交往的含义			
能够理解学前儿童人际交往的一般性特点			
能够结合案例，分析各个年龄段学前儿童人际交往的发展特点			
能够说出学前儿童人际交往教育的年龄阶段目标			

任务二 学前儿童人际交往类型、意义与教育途径

情景导入

一名五岁的男孩儿，在他祖父的生日聚会上，一直盯着手机，看得聚精会神，家人们跟他说话他头也不抬。

思考：你觉得这种生活中越来越常见的现象正常吗？为什么？

我的回答：

任务分析

学前儿童需要与成人和同伴进行交往，这种交往对其全面发展有着不可或缺的作用。教师需要把握学前儿童社会性发展的关键阶段，做好学前儿童人际交往教育。

知识准备

名人名言

一个人遇到好老师是人生的幸运，一个学校拥有好老师是学校的光荣，一个民族源源不断涌现出一批又一批好老师则是民族的希望。

——习近平

教育的一个最重要任务就是让孩子们学会用心灵感知世界，用心灵了解周围的人——不仅是自己的亲朋好友，还包括人生道路上遇到的每一个人。

——苏霍姆林斯基

学前儿童人际交往分为四个类型：亲子交往、同伴交往、师幼交往以及与其他社会成员的交往。学前儿童人际交往的意义在于：人际交往是学前儿童社会化的基本途径；是学前儿童身心健康成长的重要保证；能够促进学前儿童各方面能力的发展；能够帮助学前儿童不断完善自我。学前儿童人际交往的教育途径包括：为学前儿童创造良好的环境条件，促进其正常交往；发展学前儿童的语言表达能力，提高其言语交往水平；教给学前儿童社会交往的技能，增强其交往的自信；扩大学前儿童人际交往范围，提高其社会交往能力；家园合作，共同提高学前儿童交往能力；设计并组织实施专门的人际交往教育活动等。

一、学前儿童人际交往的类型

学前儿童人际交往可划分为四个类型：亲子交往、同伴交往、师幼交往以及与其他社会成员的交往。

（一）亲子交往

亲子交往是指学前儿童与其抚养者（主要是父母）之间的交往。学前儿童与其父母之间的交往是带有情感关系的交往，是学前儿童最早接触的一种人际交往。

对点案例

育苗幼儿园邀请大班幼儿的家长和幼儿开展了一次“亲子扎染体验活动”。活动开始前，老师详细地介绍了扎染工艺的基本知识、扎染的特点及制作技巧。接着，家长和幼儿使用皮筋等工具，将扎染用的白色布袋根据自己的喜好捆扎出独特的造型，勾勒出美妙神奇的图案，然后染色。通过家长和幼儿的共同努力，一件件色彩亮丽、花样别致的作品就成功完成了！看到白色布袋在自己的手中变成绚丽多彩的背包，孩子们兴奋无比，不停地与家长、伙伴以及老师交流着，体验着成功的喜悦。通过这次亲子活动，幼儿和父母感受到了一起游戏的快乐，增进了亲子之间的感情。

（二）同伴交往

同伴交往是指学前儿童与同一年龄阶段的伙伴之间的交往。学前儿童最初几年的人际交往主要限于家庭小圈子，随着年龄的增长，他们的认知能力逐渐增强，开始渴望走出家庭的圈子，与同龄的儿童交友、玩耍。这种同伴交往随着儿童年龄的增长而不断增加，成为儿童社会化进程中的一个重要因素。

4 岁以后，同伴对学前儿童的吸引力已经赶上成人。随着交往活动的增加与交往能力的发展，同伴关系对学前儿童心理发展的影响愈来愈大。如果早期的同伴关系不良，就会导致以后社会适应困难，在学龄期容易出现孤僻、退缩、冷漠、自卑等心理障碍。

大班社会活动：垫子乐翻天

（三）师幼交往

师幼交往是指在幼儿教师和学前儿童之间发生的各种形式、各种性质和各种程度的相互作用和影响。在师幼交往中，幼儿教师可以对学前儿童给予更多的理解和关注，通过自己的言行、态度、感受来影响学前儿童。良好的师幼交往能帮助学前儿童建立起良好的人际关系；反之，如果师幼交往出现问题，则不利于学前儿童人际交往能力的发展。

对点案例

幼儿园今天的点心是橘黄色的年糕，形状很像肥皂。好好惊喜地说：“今天吃肥皂呀。”“今天我们吃肥皂！”孩子们都欢快地叫了起来。李老师笑道：“你们要吃肥皂，可不要边吃边吐泡泡呀。”欣欣说：“我们吐了泡泡飞到天上可怎么办？”“对呀，我们怎么下来呢？”“老师拿绳子把我们拽下来。”“让老师变成奥特曼来救我们。”孩子们热烈地讨论起来。李老师称赞道：“这是一个妙计！”吃完点心后，李老师和孩子们一起到户外玩起了“抓泡泡”的游戏，孩子们乘着“肥皂泡”在天空中“飞舞”，李老师则想办法去抓他们。

这是一则随机教育的案例，案例中师幼互动积极愉快，教师以学前儿童的视角，看学前儿童所看，想学前儿童所想，达到了较好的互动效果。

（四）与其他社会成员的交往

学前儿童在日常生活中，除了经常与父母、同伴、教师交往之外，还会与社会上其他成员交往，比如各行各业的工作人员。学前儿童在生活中接触各行各业的不同的人，既参与了与他人交往的实践活动，又增强了人际交往能力。

对点案例

中班幼儿在老师的带领下来到社区菜市场，他们兴致盎然地参观了蔬菜区、肉类区、水产区、豆制品区、水果区等。孩子们分小组进行了买菜实践活动："阿姨，这是什么?""叔叔，那是什么?""请问黄瓜多少钱一斤?"一声声礼貌的招呼、一句句稚气的话语，让售货员们开怀大笑，投来喜爱、赞赏的目光。最后，每个孩子都买到了心仪的菜品，满载而归。通过本次活动，孩子们对菜市场的功能及区域有了全面的了解，人际交往能力也有所提高，其社会性得到了发展。

课程思政

净化社交圈、生活圈、朋友圈

习近平总书记在2022年春季学期中央党校（国家行政学院）中青年干部培训班开班式上强调，要守住交往关，交往必须有原则、有规矩，不断净化社交圈、生活圈、朋友圈。

俗话说，近朱者赤，近墨者黑。日常工作生活中选择与哪些人交往，是一个需要慎重对待的问题。古人云："益者三友，损者三友。"多与思想积极上进、生活情趣健康、敢于直言相劝的人交往，不仅有利于取长补短、相互鞭策，还有利于明察得失、共同进步。反之，"以财交者，财尽而交绝；以色交者，华落而爱渝"。

每一位自尊、自重、自爱、自律的人，都应该不断净化自己的社交圈、生活圈、朋友圈。交往是一面镜子，可以照出一个人的美丑；交往是一把尺子，可以量出一个人的高低。应树立正确的利益观、价值观、交往观，常思贪欲之害、常怀律己之心，不断加固思想上的"防火墙"、行为上的"过滤网"。

资料来源：程玉彦. 净化社交圈生活圈朋友圈［N］. 解放军报，2022-07-19（2）.

二、学前儿童人际交往的意义

（一）人际交往是学前儿童社会化的基本途径

人际交往是个体社会化的起点和必经之路。婴儿出生时，虽然对外界了解甚少，但已经表现出对孤独的恐惧：当他（她）独处时，就容易哭，而在母亲或其他人的陪伴下，情绪会更加平稳。正是在这种交往中，随着年龄的增长，儿童慢慢地形成了与人相处的方式，同时形成了自己独特的性格和对外界的看法。可见，孩子出生以后，只有在与成人、同伴交往的过程中，逐步掌握交往的技能、技巧，增长见识，了解和认识社会的各个方面，才能使自己在生活、学习及工作中逐步适应社会的要求，建立不同的人际网络关系，形成自己的社会支持系统。

知识链接

《3～6岁儿童学习与发展指南》在人际交往的“目标2　能与同伴友好相处”方面提出了以下教育建议：

（1）结合具体情境，指导幼儿学习交往的基本规则和技能。如：

当幼儿不知怎样加入同伴游戏，或提出请求不被接受时，建议他拿出玩具邀请大家一起玩；或者扮成某个角色加入同伴的游戏。

对幼儿与别人分享玩具、图书等行为给予肯定，让他对自己的表现感到高兴和满足。

当幼儿与同伴发生矛盾或冲突时，指导他尝试用协商、交换、轮流玩、合作等方式解决冲突。

利用相关的图书、故事，结合幼儿的交往经验，和他讨论什么样的行为受大家欢迎，想要得到别人的接纳应该怎样做。

幼儿园应多为幼儿提供需要大家齐心协力才能完成的活动，让幼儿在具体活动中体会合作的重要性，学习分工合作。

（2）结合具体情境，引导幼儿换位思考，学习理解别人。如：幼儿有争抢玩具等不友好行为时，引导他们想想“假如你是那个小朋友，你有什么感受？”让幼儿学习理解别人的想法和感受。

（3）和幼儿一起谈谈他的好朋友，说说喜欢这个朋友的原因，引导他多发现同伴的优点、长处。

（二）人际交往是学前儿童身心健康成长的重要保证

能够顺利地与人交往，有利于学前儿童身心的健康发展。正常和谐的人际交往对学前儿童心理具有保健功能，一方面，积极的人际交往有利于学前儿童保持愉快的情绪状态；另一方面，积极的人际交往可以丰富学前儿童的个人生活，缓解紧张和孤独的情绪，使学前儿童获得别人的认可，从而增强其自信心。

对点案例

班上有位小女孩苗苗，刚入园时还好好的，可最近突然变了，每天来园都抓着家人哭闹，不知怎么回事。经过观察，老师发现原来苗苗看到老师每天都去哄抱哭闹的孩子，她也想亲近老师，所以从不哭入园变成了哭闹入园。

学前儿童渴望来自教师的关怀和爱，需要教师用智慧和理性去理解。只有读懂了孩子独特的精神世界，才能在教育过程中以恰当的方式及时帮助他们，教会他们如何与教师良性交往，让学前儿童感受到来自教师的关心和爱。

（三）人际交往能够促进学前儿童各方面能力的发展

人际交往能够促进学前儿童各方面能力的发展，尤其是语言能力和思维能力的发展。

人际交往能够促进学前儿童语言能力的发展。学前儿童在各种各样的人际交往过程中，逐渐学会倾听他人的话语，丰富词汇，积累运用语言的技能，从而不断提升个人语言能力。

人际交往能够促进学前儿童思维能力的发展。学前儿童往往是在人际交往中逐渐掌握表达自己愿望的方式的，其思维也可以得到更多的运用机会和条件。在与不同对象、不同情境下的交往中，学前儿童的表达能力和认识问题的能力会相应得到提升，其思维也因在人际交往中受到锻炼而日益发展完善。

（四）人际交往能够帮助学前儿童不断完善自我

一个人从自我意识产生的那一天起，就开始用一定的价值观来进行自我评判了。良好的人际交往，有利于学前儿童自我概念的建立和人格的发展。学前儿童在与他人的相互作用中，根据自己与父母、教师、伙伴的交往经验，确立自我，从而促进人格的健康发展。当学前儿童了解到群体中的他人赞同或肯定自己的某些方面时，他就会愿意与他们共享群体的规范，获得群体的认同，这对其建立自尊感具有积极的影响。而不良的人际交往有可能导致学前儿童将来难以适应学校生活，甚至会对其成人以后的社会适应造成消极影响。

此外，良好的人际交往还有助于学前儿童学会关心和帮助别人；能够使学前儿童获得安全感、集体归属感，逐步形成集体荣誉感。

三、学前儿童人际交往的教育途径

对学前儿童来讲，只有在与人交往和相互作用的过程中，其心理能力和社会性才能得到发展。缺少正常人际交往的学前儿童，往往会表现出社会适应困难，如拘谨、胆小、害羞、怕生、孤僻、退缩或自我中心、不能合作、任性、攻击等。学前儿童人际交往的教育途径主要包括以下几种。

（一）为学前儿童创造良好的环境条件，促进其正常交往

学前儿童的交往能力只有在良好的环境和充分的交往实践中才能得到锻炼。如刚入幼儿园的学前儿童对陌生的环境和陌生的人往往会产生恐惧、不安、焦虑的心理，表现为孤僻、胆小、不合群。针对以上情况，幼儿教师应为学前儿童提供交往的环境和机会，以消除学前儿童的不安心理，使其尽快地适应幼儿园的生活。教师可以请大年龄班的学前儿童到班里为小朋友表演节目、讲故事，与他们交朋友，跟他们做游戏，在和哥哥姐姐的交往中，学前儿童会慢慢消除孤独、害怕的情绪，在感受到友爱、欢乐的同时学会与他人交往，同时也可以使大年龄班的学前儿童懂得在交往中必须有责任心、互助心。

在幼儿园的一日活动中，幼儿教师应给学前儿童提供充分的游戏和活动时间，因为游戏和活动是学前儿童进行交往、学习交往技能的最好机会。学前儿童可以在游戏和活动中学习讲话、爱上讲话，消除羞涩、胆小的心理，克服任性、霸道的个性。如通过角色游戏可以使学前儿童学会不同的交往方式，教师在学前儿童游戏时应有意识地加以引导，帮助他们处理好各种关系，培养学前儿童的群体意识与合作精神。

对点案例

小班的乐乐平时不喜欢与人交往。来园的时候，老师热情地问乐乐早上好，可是乐乐一直低着头不看老师；区域活动的时候，其他孩子都找到了自己喜欢的玩具，只有乐乐摆弄着自己从家里带来的玩具，即使有人邀请她，她也害怕地躲开。针对乐乐的情况，老师特地在班级开展了“我们都是好朋友”“小手拉小手”等系列活动，逐步培养乐乐与同伴交往的意识。老师还在户外活动中安排“找朋友”“炒豆豆”等游戏环节，在集体活动中鼓励乐乐发言，并及时给予奖励。慢慢地，乐乐自信多了。

（二）发展学前儿童的语言表达能力，提高其言语交往水平

学前儿童的交往行为在某种程度上取决于其言语交往能力的高低。言语交往能力不仅与交往双方对同一语言符号系统的掌握程度有关，而且涉及语言交往内外环境中的诸多因素。为更好地提升学前儿童的人际交往水平，成人应重视培养学前儿童在交往中的语言组织能力；同时，丰富学前儿童各方面的知识、经验，使他们能用更丰富的语言交流更多的信息，如经常向学前儿童提出问题，启发他们思考等。幼儿教师应努力给学前儿童提供与不同的人交往的机会，使学前儿童能根据交往时间、地点、对象的不同采用不同的容易使交往双方产生共鸣的语言形式，引导学前儿童在交往中体

验成功与失败，从而学到有关的交往技能。

对点案例

中班的菲菲是跟随父母从外省迁来本地定居的孩子，刚转学来的时候，菲菲操着一口浓重的外省方言，小朋友们都听不懂她说的话。不过菲菲乐观开朗，她在老师的鼓励下，积极地和小朋友们打成一片，小朋友们也很乐意在日常生活中与菲菲交往，并热情指导菲菲说普通话。在老师的引导下，在与小朋友们的人际交往过程中，菲菲的普通话水平大大提高，规范用语的词汇量也大幅增加。

（三）教给学前儿童社会交往的技能，增强其交往的自信

学前儿童需要交往、愿意交往，然而仅仅拥有美好的交往愿望不一定能使交往取得成功。这就涉及交往技能的问题了，如小班幼儿思想单纯，在进行主动交往时没有交往策略，因此常常使交往受挫。幼儿教师可创设一定的情境或在某种行为刚刚发生时就组织学前儿童讨论，让学前儿童学习一些简单的交往技能。学前儿童只有具备很强的自信心，才能很好地同他人进行交往。首先，要教给学前儿童友好地与同伴交谈，交谈的语调要柔和，同时耐心倾听别人讲话；其次，要让学前儿童更多地注意别人的长处，并学习别人的长处，而不是总看到别人的缺点，拿别人的缺点来取笑别人；再次，要告诉学前儿童理解同伴的兴趣和爱好，既尊重别人的兴趣但又不盲目地听从别人，如几个小朋友在一起玩，教师可以让学前儿童一起商量玩什么游戏、如何玩，在游戏中既积极地提出建议，又尊重别人的意见，不强迫别人接受或服从自己的意见；最后，要教给学前儿童和同伴分享玩具，有好玩的玩具大家一起玩，平等地与他人交往，愉快地与同伴合作等。

对点案例

小天是家里的第三胎，父母平时特别宠爱他。刚升入小班的他有着自我中心、攻击性强等不良习惯，常常与小伙伴发生冲突。针对小天的具体情况，吴老师鼓励小天把自己的图书、玩具拿来与伙伴分享，让小天跟小朋友和老师说说自己喜欢看的动画片，引导小天和小朋友拉手、拥抱表示友好。当小天与同伴争抢玩具时，吴老师循循善诱："只有一个玩具，两个人都想玩，怎么办？"引导小天总结正确的解决方法："两人一起玩。"随着小天逐渐学会使用礼貌用语、分享玩具等社会交往技能，他与小朋友们相处得越来越融洽了。

（四）扩大学前儿童人际交往范围，提高其社会交往能力

随着学前儿童年龄的增长，成人应该不断扩大他们社会交往的范围，打破班级和幼儿园的界限。幼儿园可以开展大、中、小班的联谊活动，教师还可以带学前儿童走

出幼儿园，让他们同社会各个层面的人进行交往。如组织学前儿童去春游，让学前儿童同农民伯伯进行交往；组织学前儿童参观商店、菜市场等，锻炼学前儿童的实际交往能力。

对点案例

某幼儿园举办了一次全园范围的“买卖旧玩具和图书活动”。老师给家长写了活动倡议书，得到了家长的广泛支持。老师在园区内布置了不同物品买卖区域；家长和幼儿一起准备买卖的商品并确定价格，给自己的小店取名，商量推销商品的办法；幼儿自主布置柜台，自由购买或出售商品。

幼儿在“买卖旧玩具和图书活动”中，通过布置、买、卖、展示商品等环节，极大地锻炼了人际交往能力。

（五）家园合作，共同提高学前儿童交往能力

学前儿童除了在幼儿园活动外，大部分时间是在家里度过的，且与父母最亲近。教师应努力与家长达成共识，让家长在家为学前儿童创设良好的交往环境，培养学前儿童敢说话、爱说话的习惯和能力，帮助学前儿童树立交往的信心。同时，可适当地把学前儿童带入家庭社交圈。如家里有客人，可以让学前儿童参与接待。另外，组成家庭游戏小组也不失为培养学前儿童交往能力的一种好方法，家庭游戏小组的成员可经常自发地、不定期地开展郊游、娱乐等活动。平时，家长还可以多鼓励学前儿童运用电话与同伴交往。

对点案例

龙龙是个活泼好动的孩子，有时候会有意无意地打到其他小朋友。星星被龙龙打到的次数比较多，后来星星的攻击性行为也开始增加。经询问得知，星星爸爸教育星星，如果其他小朋友欺负他，就一定要打回去，不能受欺负。

星星的事情表面上看好像只是幼儿的矛盾冲突引发了家长的介入，而实质则是家园合作出现了裂痕。家长对教师的管理及教育方式不信任，导致家长采用与教师相悖的方式教育幼儿。因此，教师与家长加强沟通，是促进幼儿人际交往正常发展的有效途径。

（六）设计并组织实施专门的人际交往教育活动

幼儿教师应根据《3～6岁儿童学习与发展指南》的要求及不同年龄班幼儿的特点和发育水平设计适宜的学前儿童人际交往教育活动。例如，小班可以进行主题活动“一起玩玩具”；中班可以开展“我来帮助你”“请到我家来做客”等活动；大班可以进行“分享更快乐”“我们都是好朋友”等活动。通过活动，幼儿教师引导学前儿童学会交往、学会分享、学会协商、学会互助、学会谦让等。

对点案例

中班的王老师以“我的朋友多又多”为主题设计了一堂社会领域人际交往集体活动课程。王老师尝试利用一些随机的或创设的情境来帮助幼儿寻找游戏伙伴，鼓励幼儿多结交新朋友，与同伴分享图书、玩具，与同伴积极交流自己的想法，让他们在各种交流、交往活动中体验交朋友的乐趣，感受人与人、人与整个环境和谐相处带来的快乐。

学习完本任务，相信你一定可以更为全面地回答“情景导入”部分的问题。

学前儿童的社会交往能力对于其一生的发展都是非常重要的，它的培养也不是一朝一夕就能做到的，只有利用各种不同的手段，坚持不懈地对学前儿童进行教育和引导，其社会交往能力才会不断提高。不可否认，电子产品有很多优点，学前儿童在玩电子游戏时也可以结交新朋友。不过，很多学前儿童可能不知道如何与站在他们身边的人交谈，一些我们认为理所当然的基本沟通技巧他们都很难掌握。

学习笔记

实践训练

分组设计情境，分别实施学前儿童人际交往的六大教育途径。

一、实训目标

掌握和实施学前儿童人际交往的六大教育途径。

二、实训过程

（1）回顾学前儿童人际交往的六大教育途径。

（2）思考学前儿童人际交往的六大教育途径都是通过哪些日常活动实施的。

（3）设计情境，模拟实施学前儿童人际交往的六大教育途径。

三、实训要求

（1）小组讨论并设计学前儿童人际交往六大教育途径的实施情境。

（2）情境模拟贴近学前儿童人际交往实际。

岗课赛证测验

岗课赛证测验

学习任务完成情况评价表

评价标准	自我评价（达到打√，未达到画○）	小组评价（达到打√，未达到画○）	教师评价（达到打√，未达到画○）
能够说出学前儿童人际交往的类型			
能够理解学前儿童人际交往的意义			
能够结合案例，分析学前儿童人际交往的教育途径			

任务三　学前儿童人际交往教育活动的设计与实施

情景导入

晨间，申老师发画册给幼儿讲故事，可朋朋根本不看书，还把书卷起来当话筒玩，旁边几个孩子也模仿他。他偶尔翻到走迷宫的那一页，指指画画。该收书了，他把书交给旁边的妍妍，突然抬脚踢了妍妍的胳膊，妍妍疼得哭起来。申老师问他为什么踢妍妍，他却回答："我踢的是老虎。"书上走迷宫那一页，的确有老虎，真是让人哭笑不得。

思考：你觉得朋朋的问题出在哪里呢？我们该如何帮助他？

我的回答：

任务分析

幼儿教师应该根据学前儿童的年龄特点，设计针对性强的人际交往教育活动，以更好地培养学前儿童的人际交往技能。

知识准备

名人名言

夫子循循然善诱人，博我以文，约我以礼，欲罢不能。

——孔子

教学的艺术不在于传授本领，而在于激励、唤醒和鼓舞。

——第斯多惠

不同年龄班的学前儿童在人际交往方面的发展有不同的特点，教师应该根据小班（3～4岁）、中班（4～5岁）、大班（5～6岁）这三个年龄阶段学前儿童的发展特点，有针对性地分别进行人际交往教育活动的设计与实施。

一、小班幼儿人际交往教育活动的设计与实施

根据小班幼儿（3～4岁）在亲子交往、同伴交往、师幼交往和与其他社会成员交往方面的发展特点，教师可以有针对性地设计以下有关小班幼儿人际交往教育内容的活动方案：

（1）小鸡出壳（亲子交往）。

（2）大家一起玩（同伴交往）。

（3）许许多多的老师朋友（师幼交往）。

（4）做客（与其他社会成员的交往）。

对点案例

小班亲子游戏：小鸡出壳

活动目标

（1）增强幼儿肢体的灵活性。

（2）增进家长对幼儿的了解。

（3）增强幼儿的自信心，促进亲子沟通。

活动准备

（1）经验准备：小班幼儿肢体动作协调，能够配合父母完成指定任务。

（2）物质准备：大张的废报纸若干，每张画上一个大鸡蛋，分散放在地上；皮球、粗头彩笔。

活动过程

（一）谈话导入，介绍游戏规则

幼儿、家长分别扮演小鸡，共同完成亲子游戏。可随机带领一名幼儿示范；可重复多次。

（二）进行亲子游戏，指导不同的家庭小组

（1）由幼儿扮演小鸡，从画着鸡蛋图案的报纸上撕开的洞里钻出来，表示“小鸡出壳”。具体规则为：让幼儿发令说：“预备——起！”家长和幼儿赶快拿起报纸，小心翼翼地从“蛋”中间撕破一个洞，然后幼儿头、肩、躯干和脚从报纸中钻过，再跨出报纸，发出“叽、叽”声，一只“小鸡”就孵出来了。可以接着再撕再钻，要是将报纸撕破了，就算失误。最后孵出“小鸡”最多的家庭为优胜。之后再由家长扮演小鸡，按相同的规则进行游戏。

（2）投球训练：将报纸撕开一个洞，家长和幼儿近距离将皮球从洞中投掷穿过。规定时间内穿过次数多的家庭为优胜。

（3）平衡训练：用粗头彩笔在报纸上画两条平行线，再将所有报纸连接起来铺在场地上，家长和幼儿组成一队，哪一队先完成，哪一队胜利。

（4）循声找人：让家长穿着相同的衣服，用报纸遮住自己，再一起发出“我在这儿”的声音，让幼儿根据音色辨识出自己的爸爸妈妈。哪一组先找到，哪一组胜利。

活动延伸

幼儿和家长在家经常进行这类亲子游戏，增进良性亲子关系。

资料来源：秦泽虎．曲靖市主城区小班幼儿亲子游戏开展现状及对策研究——以曲靖市机关幼儿园为例［J］．曲靖师范学院学报，2014，33（Z1）：98-100.

二、中班幼儿人际交往教育活动的设计与实施

根据中班幼儿（4～5岁）在亲子交往、同伴交往、师幼交往和与其他社会成员交往方面的发展特点，教师可以有针对性地设计以下有关中班幼儿人际交往教育内容的活动方案：

（1）父亲节同乐日（亲子交往）。

（2）三个好朋友（同伴交往）。

（3）暖暖的教师节（师幼交往）。

（4）学当小记者（与其他社会成员的交往）。

对点案例

中班社会活动：三个好朋友

活动目标

（1）大胆猜测故事情节，尝试帮助三个好朋友解决问题。

（2）理解三个好朋友解决问题的办法，知道好朋友之间应该怎样相处。

（3）感受与好朋友团结合作的快乐。

活动准备

（1）经验准备：中班幼儿喜欢和小伙伴交往，有了一定的问题解决意识和是非观念。

（2）物质准备：绘本《好朋友》PPT；绘本《好朋友》人手一册（留出绘本中“三个好朋友一起骑车”“三个好朋友一起划船”“三个好朋友搭人梯摘樱桃”的画面，其余部分用回形针夹住，不在活动现场阅读）。

活动过程

（一）谈话导入

师：你们有好朋友吗？你们在一起发生过什么有趣的事？

小结：我们每个人都有好朋友，好朋友在一起会发生许多有趣的事，所以大家在一起很快乐。

（二）集体阅读

1. 阅读PPT绘本封面

师：今天我带来了一本名字叫《好朋友》的书，书里的主人公是谁？它们准备干什么？

小结：它们三个是好朋友，准备一起去郊游。

2. 阅读绘本重点画面（PPT）

师：三个好朋友在郊游时会发生什么事呢？我们一起来看一看吧。

（1）点击阅读“一辆自行车”画面。

师：一辆自行车，三个好朋友，你觉得可以怎么骑？（理解：好朋友之间要学会相互谦让。）

（2）阅读“一条破船”画面。

师：它们想过河，可池塘里只有一条破船，怎么办？你们有好的办法吗？可以和你的朋友商量一下。（理解：每个朋友都有各自的本领，但是有些事情是一个人完成不了的，要靠大家团结合作。）

（3）阅读“一棵樱桃树”画面。

师：它们看到樱桃树会怎么样？它们能够摘到樱桃吗？你觉得它们是怎么摘到樱桃的呢？（理解：摘樱桃的方法有许多，但也要靠大家团结合作。）

（三）自主阅读

（1）师：三个好朋友在旅途中遇到的问题还挺多，聪明的小朋友帮它们想了各种办法，它们到底是怎么做的呢？请你打开书看一看。

（2）幼儿自主阅读绘本的三个重点画面。

（3）分享交流。师：三个好朋友用了什么好办法解决了什么问题？

（用 PPT 依次呈现“三个好朋友一起骑车”“三个好朋友一起划船”“三个好朋友搭人梯摘樱桃”的小图，根据幼儿回答点击相应小图，切换成大图。）

1）阅读“三个好朋友一起骑车”画面。

师：三个好朋友是怎么骑车的？你觉得它们现在的心情怎么样？你是从哪里看出来的？请用好听的词语说说三个好朋友现在的心情。（理解：和好朋友在一起是一件既开心又甜蜜的事。）

2）阅读“三个好朋友一起划船”画面。

师：它们是怎么过河的？划船时它们是怎样分工的？划船时它们心里在想什么？如果下次再遇到这样的事情，它们还会担心害怕吗？（理解：和好朋友一起共同克服困难，会让自己变得更大胆、更勇敢。）

3）阅读“三个好朋友搭人梯摘樱桃”画面。

师：它们究竟是用什么好办法摘樱桃的？你是从哪里看出来的？（理解：好朋友之间只要团结协作就能获得成功。）

（四）情境体验

（1）师：在我们的生活中，也有许多事情是需要朋友之间团结协作才能完成的。今天班级里就有几件事情需要你们合作哦。

（2）介绍需要做的事：1）将桌子搬到走廊；2）拼两个拼图；3）将积木用小拖车拖到操场；4）张贴班级“六一”活动宣传海报。

（3）幼儿尝试合作。

（4）分享交流：只要我们相互帮助、相互合作，什么事都难不倒我们。

活动延伸

小朋友们一起玩的时候，如果产生了分歧，可以尝试用协商、交换、轮流、合作等方式加以解决。

资料来源：孙燕峰．中班社会活动：三个好朋友［J］．早期教育，2016（4）：44.

三、大班幼儿人际交往教育活动的设计与实施

根据大班幼儿（5～6岁）在亲子交往、同伴交往、师幼交往和与其他社会成员交往方面的发展特点，教师可以有针对性地设计以下有关大班幼儿人际交往教育内容的活动方案：

（1）给妈妈的礼物（亲子交往）。

（2）我会交新朋友（同伴交往）。

（3）当老师的小帮手（师幼交往）。

（4）关爱残疾人（与其他社会成员的交往）。

对点案例

大班社会活动：关爱残疾人

活动目标

（1）通过游戏充分体验残疾人在生活中的不便与遇到的困难。

（2）学会尊重、关爱残疾人，初步掌握保护自己的身体以及帮助残疾人的方法。

（3）形成不怕困难、自信阳光的良好个性品质。

活动准备

（1）经验准备：

1）引导幼儿观察自己周围哪些人有残疾；

2）利用视频让幼儿了解残疾人生活的不便之处。

（2）物质准备：

眼罩、PPT、“粮袋”、筐子、衣服、梳子、被子、毛巾、串铃等。

活动过程

（一）通过游戏，体验残疾人生活的不便和困难，初步了解保护自己身体的方法

1. 初步感受盲人的世界，了解基本的残障设施

（1）引导幼儿蒙上眼睛，随着老师的铃声找老师。

师：眼睛看不到有什么感觉？

小结：如果眼睛看不到，就会害怕、担心，也很不方便。像这样看不到的人，我们称为盲人。

（2）展示PPT，了解盲人专用的残障工具。

师：盲人是怎样生活的呢？哪些工具可以帮到他们？

小结：盲道、导盲犬、盲杖、红绿灯特殊提醒、盲文等都可以帮助盲人生活。

（3）引导幼儿保护双眼。

师：所以，保护好我们的小眼睛很重要，我们应该怎样保护眼睛呢？

小结：每天保证充足的睡眠，多吃胡萝卜等蔬菜，多看绿色植物，保持良好的坐姿，做眼保健操，不长时间看电子产品，防止尖锐的物体刺伤眼睛，不用脏手揉搓眼睛，如果眼睛不舒服，要第一时间告诉家长或老师。

（4）了解轮椅、拐杖等其他残障设施。

2. 通过游戏“运粮食”，感受失去双腿后做事情的困难

游戏规则：在不用腿的情况下，将粮食运到终点，幼儿自由尝试。

师：刚才大家都是怎样运的粮食？请说说你的感受。

小结：没有腿的帮助，做事情很费力，也很不方便。保护好我们的双腿太重要了，小朋友们不要做危险的动作，更不要从很高的地方往下跳，不要到危险的地方玩耍，走路的时候要注意交通安全。

3. 游戏："挑战一分钟"，自主选择挑战内容，体验失去双臂后生活的不便

师：你还见过身体上其他部位有残缺的人吗？给你一分钟，在不用胳膊帮助的情况下，你想挑战做一件什么事情？

分享幼儿挑战时的精彩瞬间，并让幼儿说说挑战时的感受。

小结：我们身体的每个部位都很重要，请小朋友们平时一定要注意安全，爱护好自己的身体，如不燃放烟花爆竹，远离高压电线等。

（二）了解致残原因，养成关爱残疾人的意识

身体上有残缺的人统称为残疾人，残疾人有很多种：有的人是生下来时就是残疾人了；有的人是不小心受伤成为残疾人的；还有的人是为了保卫国家、保护别人而残疾的。

（三）学习残疾人中的好榜样，培养幼儿乐观、勇敢、坚强的个性品质

大班社会活动：关爱残疾人

展示在体育、艺术、文学等不同领域做出杰出贡献的残疾人典型事例，培养幼儿不怕困难、自信阳光的优秀品质。

师：有很多残疾人，他们非常优秀，他们是我们学习的榜样！我们生活中也有很多残疾人，他们通过自己的努力活得很精彩。我们要尊重和关爱残疾人，多多帮助残疾人，做有爱心的好孩子，你们能做到吗？

活动延伸

引导幼儿把今天的收获分享给身边的好朋友和家人。

资料来源：烟台市芝罘区向阳中心幼儿园教师侯春萍、初雅琳、慕媛媛教学实践.

学习完本任务，相信你一定可以更为深入地回答"情景导入"部分的问题。

朋朋存在的主要问题是不懂交往规则，有打人、抢东西之类的攻击性行为，不被同伴接纳。教师可以通过家访、对孩子进行行为观察等方式去了解孩子存在交往问题的原因，有针对性地制定对策。

学习笔记

实践训练

模拟教学：学前儿童人际交往教育。

一、实训目标

根据所学知识，选择本任务中某一个对点案例的教案，开展学前儿童人际交往教育的集体教学。

二、实训过程

（1）回顾学前儿童人际交往教育活动的设计与实施的相关内容。

（2）选择对点案例。

（3）开展模拟教学。

（4）交流分享，写出活动反思。

三、实训要求

（1）活动目标明确；活动准备充分；活动过程完整，并注重师幼互动；能够呈现活动延伸的内容。

（2）教态适宜，语言规范，条理清楚，逻辑性强，表达流畅。

岗课赛证测验

岗课赛证测验

学习任务完成情况评价表

评价标准	自我评价（达到打√，未达到画○）	小组评价（达到打√，未达到画○）	教师评价（达到打√，未达到画○）
能够设计不同年龄段学前儿童的人际交往教育活动			
能够实施不同年龄段学前儿童的人际交往教育活动			
能够点评学前儿童人际交往教育活动的设计与实施			

• 项目小结 •

本项目主要包括三个任务：学前儿童人际交往概述；学前儿童人际交往类型、意义与教育途径；学前儿童人际交往教育活动的设计与实施。

人际交往是学前儿童获得社会交往技能的重要途径。学前儿童在亲子交往、同伴交往、师幼交往及与其他社会成员的交往活动中，或主动或被动地与他人发生着相互作用。正是在这种相互作用中，学前儿童可以发展其社会交往行为，获得观察学习的机会；可以在与他人的交流、协商和讨论中，观察对方的反应并选择有效的行为方式。幼儿教师应该将学前儿童人际交往视为一项重要的教育内容，留出充分的时间和空间，让学前儿童在人际交往中发展交往能力，促进其社会性的发展。

不同年龄班的学前儿童在人际交往方面的发展有不同的特点，教师应该根据小班（3～4岁）、中班（4～5岁）、大班（5～6岁）这三个年龄阶段学前儿童的发展特点，有针对性地分别进行人际交往教育活动的设计与实施。

项目五

学前儿童社会环境教育

学前儿童社会性的发展受到许多环境因素的影响，具体包括家庭、社区、幼儿园、家乡、民族和国家等，这些外部社会环境因素对学前儿童个体发展的影响是十分巨大的。因此，正确认识影响学前儿童成长的外部社会环境，对促进学前儿童社会性发展意义重大。

学习目标

1. 掌握学前儿童社会环境教育的内涵；
2. 理解学前儿童社会环境教育的意义；
3. 掌握学前儿童社会环境教育的内容；
4. 学会设计与实施学前儿童社会环境教育活动；
5. 培养学前儿童的社会责任感，形成爱护社会环境的好风尚、好品质。

学习内容

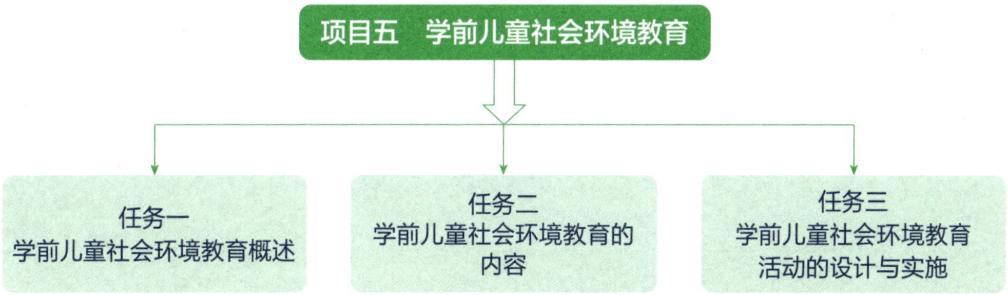

项目五导学

任务一　学前儿童社会环境教育概述

情景导入

王老师给大班幼儿播放国歌《义勇军进行曲》，展示了有关祖国的标志性图片：国旗、天安门、长城、长江、黄河等。看到孩子们对有关祖国的知识很感兴趣，王老师鼓励他们课后继续研究，交流想法。孩子们课下在老师和爸爸妈妈的帮助下，学习在网上寻找相关资料。没两天，孩子们就了解了很多有关中国的知识。

思考：王老师这么做的意义是什么？

我的回答：

任务分析

影响学前儿童社会性发展的环境因素主要包括家庭、幼儿园、社区等，其中，家庭对学前儿童的社会性发展的影响尤为明显。我们应充分认识影响学前儿童社会性发展的环境因素，并有针对性地开展学前儿童社会环境教育。

知识准备

名人名言

对于如何使儿童适应新环境，一方面是保教工作人员要懂得儿童心理，并对儿童所发生的问题，加以调查和研究，再与家庭取得联系，采取正确的方法，帮助儿童适应新的环境；另一方面，要充实幼稚园的设备，设置丰富的教育环境和游戏环境，使儿童在各种活动当中，对幼稚园产生亲切的感情，进而得到启发，得到教育，使儿童深深地体验到幼稚园是他们的乐园。

——陈鹤琴

在教育上，环境所扮演的角色相当重要，因为孩子从环境中吸取所有的东西，并将其融入自己的生命之中。

——蒙台梭利

学前儿童社会环境教育就是坚持以人为本，促使学前儿童理解人与环境相互依存的关系，喜欢并适应群体生活，逐步萌发社会小公民意识的教育过程。学前儿童社会环境教育的意义包括：可以促进学前儿童社会适应能力的发展；能够使学前儿童对所处环境产生归属感；能够使学前儿童萌发爱的情感和爱国情怀。

一、学前儿童社会环境教育的内涵

学前儿童社会环境教育就是坚持以人为本，促使学前儿童理解人与环境相互依存的关系，喜欢并适应群体生活，逐步萌发社会小公民意识的过程。学前儿童社会环境教育主要包括对家庭、所在社区、幼儿园、社会机构、家乡、自己的民族和国家，以及世界其他一些国家的认知教育。

根据与学前儿童自身关系密切程度的不同，大体可以把学前儿童社会环境教育分为两个部分：身边环境认知教育和社会环境认知教育。

身边环境认知主要包括对家庭的认知、对幼儿园的认知和对社区的认知。

社会环境认知主要包括对家乡、民族的认知，对社会机构的认知，对人与环境关系的认知，对社会重大事件的认知等。

知识链接

《3～6岁儿童学习与发展指南》在社会适应的“目标1　喜欢并适应群体生活”方面提出了以下教育建议：

（1）经常和幼儿一起参加一些群体性的活动，让幼儿体会群体活动的乐趣。如：参加亲戚、朋友和同事间的聚会以及适合幼儿参加的社区活动等，支持幼儿和不同群体的同伴一起游戏，丰富其群体活动的经验。

（2）幼儿园组织活动时，可以经常打破班级的界限，让幼儿有更多机会参加不同群体的活动。

（3）带领大班幼儿参观小学，讲讲小学有趣的活动，唤起他们对小学生活的好奇和向往，为入学做好心理准备。

二、学前儿童社会环境教育的意义

（一）学前儿童社会环境教育可以促进学前儿童社会适应能力的发展

当今社会，学前儿童心理问题和行为问题日益凸显，特别是独生子女，问题尤为突出。一些独生子女自我中心现象严重，不会关心他人，不懂付出，团队意识薄弱，缺乏集体责任感，不会与人合作，社会环境适应能力差，这些都会成为其成长过程中的阻力。要知道，一个人要想取得较高的成就，仅仅有聪明的头脑和丰富的知识是远远不够的，还要具备良好的社会关系和环境适应能力，这样才能在一个团队中站稳脚跟，获得发展。社会环境教育的核心就是促进学前儿童的社会化，学前儿童社会化的过程也是其心理发展的重要过程。学前儿童作为独立的个体，自从呱呱坠地来到这个世界，在与社会环境相互作用的过程中，逐渐成长为一个能掌握社会规范、正确处理人际关系、顺利适应新环境、形成良好社会适应能力的社会人。

对点案例

细心的丁老师发现每天都有个别小朋友在洗手、上厕所的时候在盥洗室玩水，并在那里停留很久。于是，丁老师精心设计了幼儿节约用水社会教育活动。丁老师先给幼儿看图，讲述了世界上旱情严重的地区缺水的严峻现实，又展示了“一方有难，八方支援”的各地捐款献爱心活动，最后告诉幼儿水是人类生命的源泉，水资源的匮乏已经成为全球、全人类的危机，每个人都要节约用水，从而使节约用水的意识在幼儿的心中扎根。通过节约用水社会教育活动，幼儿了解到了水的重要性，树立了保护水资源的意识，玩水、浪费水的现象大大减少了。

（二）学前儿童社会环境教育能够使学前儿童对所处环境产生归属感

归属感的顺利获得和发展对于个体的成长与发展具有十分重要的意义。学前儿童对其所处的环境产生了归属感以后，就能够自觉地以所在集体的规范约束和适当调整自己的行为，在集体中接收信息、获得经验和积极情感，把自己看作是集体中的重要成员。而且，这种对集体的归属感在特定的情境下会表现得更加强烈。譬如，当学前儿童所在班级或幼儿园获得荣誉时，幼儿内心就会感到无比自豪，这种自豪感会进一步增强其归属感，而且会使该集体中的学前儿童团结得更加紧密。因此，开展学前儿童社会环境教育，帮助学前儿童在学前阶段顺利获得归属感并不断发展学前儿童对班级、幼儿园等集体的归属感，是非常重要的。

对点案例

于老师在中班主题活动“我的家乡”中，设计了“家乡的土特产”这一集体教学活动，活动内容主要包括：带领幼儿了解家乡的土特产，引导幼儿观察收集的土特产实物，感受土特产的不同，尝试对土特产进行分类并记录；欣赏儿歌《夸家乡》，进一步了解家乡的土特产；请幼儿品尝土特产。

通过系列活动，幼儿了解了常见的家乡土特产，知道了家乡物产很丰富，产生了对家乡的自豪感。

（三）学前儿童社会环境教育能够使学前儿童萌发爱的情感和爱国情怀

学前儿童社会环境教育是培养学前儿童热爱家庭、热爱家乡、热爱集体、热爱民族、热爱祖国等情感的重要途径。幼儿园可以运用学前儿童喜闻乐见和能够理解的方式激发学前儿童爱家乡、爱祖国的情感。如带学前儿童外出游玩，或者和他们一起收集有关家乡、祖国各地的风景名胜、著名建筑、独特物产的图片等，在观看和欣赏的过程中激发学前儿童的自豪感和对家乡、祖国的热爱之情；可以通过观看电视节目或参加升旗等活动，向学前儿童介绍国旗、国歌，以及观看升旗、奏国歌的礼仪；也可以向学前儿童介绍反映中国人智慧的伟大发明和创造，激发学前儿童的民族自豪感。

对点案例

方老师在大班主题活动“我是中国人”中，通过“欢腾的节日”“祖国大家庭”“中国了不起”等一系列生动、活泼、有趣的活动，帮助幼儿初步感知中秋节等节日的来历与习俗，了解中国56个民族和中国在飞速发展的过程中所取得的伟大成就等。通过这一主题活动，幼儿在亲身感受和体验中萌发了作为一名中国人的自豪感。

学习完本任务，相信你一定可以更为深入地回答“情景导入”部分的问题。

王老师运用幼儿喜闻乐见和能够理解的方式激发了幼儿爱祖国的情感。教师应加强学前儿童社会环境教育，引导学前儿童了解自己的民族，知道中国是一个多民族的大家庭，各民族之间要互相尊重、团结友爱；了解国家的一些重大成就，萌发热爱祖国的情感，为自己是中国人感到自豪。

学习笔记

实践训练

绘制学前儿童社会环境教育概述思维导图。

一、实训目标

能够清晰理解学前儿童社会环境教育的内涵与意义。

二、实训过程

（1）回顾学前儿童社会环境教育概述的内容。

（2）采用合适的形式绘制学前儿童社会环境教育概述思维导图。

（3）交流分享。

三、实训要求

（1）绘制思维导图。

（2）选择合适的思维导图模板。

（3）交流分享时语言表述清晰。

岗课赛证测验

岗课赛证测验

学习任务完成情况评价表

评价标准	自我评价（达到打√，未达到画○）	小组评价（达到打√，未达到画○）	教师评价（达到打√，未达到画○）
能够说出学前儿童社会环境教育的内涵			
能够理解学前儿童社会环境教育的意义			
能够结合学前儿童社会环境教育案例，分析其对学前儿童社会性发展的意义			

任务二　学前儿童社会环境教育的内容

情景导入

中班幼儿在赵老师的带领下参观了小区里的一家理发店。一到理发店，孩子们便很有礼貌地叫叔叔和阿姨。理发师向孩子们介绍了理发店里的用具：吹风机、洗发露、染发膏等。在理发师的演示下，幼儿又详细地了解了理发的全过程。最后，师生一起向理发师们表示感谢并告别。

思考：幼儿在理发店的所见所闻会带给他们什么样的教育影响呢？

我的回答：

任务分析

学前儿童社会环境教育的内容是丰富多样的，了解社区机构就属于学前儿童社会环境教育的内容。教师需要为学前儿童提供各种接触社会环境的机会，设计多样化的学前儿童社会环境教育内容。

知识准备

名人名言

小孩子的知识是由经验得来的，所接触的环境愈广，所得的知识当然愈多。

——陈鹤琴

生长和发展的基础在于不断地使儿童和他的环境之间的关系变得密切起来。

——蒙台梭利

学前儿童社会环境教育的内容主要包括对家庭的认知，对幼儿园的认知，对社区的认知，对家乡、国家与民族的认知，以及对重大社会事件的认知等。

一、学前儿童对家庭的认知

学前儿童对家庭的认知包括三个方面的内容：对父母及家庭内其他成员的认知；对家中各个家用物品的认知；对家庭中社会规范的认知。

（一）对父母及家庭内其他成员的认知

要让学前儿童知道家庭主要成员的姓名、性别、属相、生日、职业及他们与自己的关系等。

对点案例

小班宋老师精心准备了一堂社会领域课程“我的家庭成员”。课前，宋老师让幼儿带来全家合影。课上，宋老师先让幼儿拿着合影相互介绍自己的爸爸妈妈和其他家庭成员。幼儿大胆讲述着：“这是我爸爸，他是一名设计师”……宋老师边听边在小册子上认真地记录着。接着，宋老师组织幼儿思考讨论“家庭成员都为宝宝做了些什么”，引导幼儿体会爸爸妈妈天天上班还要照顾自己是非常辛苦的，激起幼儿为爸爸妈妈制作礼物表达爱的愿望。幼儿自主选择所要制作的礼物，宋老师在幼儿遇到困难的时候对其进行引导。

通过这节社会领域课程，幼儿体会到了父母对自己的爱，初步了解了自己及别的幼儿的父母的工作，并愿意表达出自己对父母的爱。

（二）对家中各个家用物品的认知

要让学前儿童认识家中的家用物品，能正确说出其名称，并了解它们各自的用途等。

（三）对家庭中社会规范的认知

要教育学前儿童热爱、尊重和关心家庭中的父母及长辈，学会为他们做一些力所能及的家务等。幼儿园应组织一些以家庭为认知内容的学习和游戏活动，丰富学前儿童对家庭的认知，培养学前儿童对家庭的责任感，让学前儿童了解自己对父母应尽的义务。

二、学前儿童对幼儿园的认知

学前儿童对幼儿园的认知主要包括四个方面的内容：对园所的认知；对班级的认知；对教师和小朋友的认知；对园所行为规范的认知。

（一）学前儿童对园所的认知

家长在孩子上幼儿园之前，就应告诉他将要上的园所名称，还可以事先带孩子去园所看看小朋友们有趣的生活与游戏，使孩子对上幼儿园产生向往。孩子入园后，家长可以经常问问孩子，让孩子说说幼儿园有哪些活动场所（操场、活动室、寝室、盥洗室、厕所等）及设备。

（二）学前儿童对班级的认知

学前儿童进入园所后，或者在幼儿园由于升班或其他原因变换了班级或老师后，家长可以有意地问问孩子上的是什么班，班上有几位老师，老师都姓什么；告诉孩子老师和其他工作人员的工作很辛苦，让孩子知道自己在幼儿园能吃得好、玩得好，能学到许多本领，是与幼儿园的每一位工作人员的辛勤劳动分不开的，培养孩子爱他们、尊敬他们的感情。

（三）学前儿童对教师和小朋友的认知

学前儿童在入园和离园时，应热情地、有礼貌地与老师打招呼，向老师问好、道谢等，家长也应注意让孩子向老师问好、说再见。经常让学前儿童说说班上小朋友们的情况，每天都做了些什么，发生了哪些事情，老师对孩子说了些什么、提出了些什么要求等。对大一点的孩子，还可以问问每位老师或其他工作人员每天做些什么工作。这样做不仅可以帮助家长了解孩子在幼儿园中一天的情况，也可以使孩子加深对幼儿园的认识和了解，培养孩子热爱幼儿园、老师和小朋友的情感。

（四）学前儿童对园所行为规范的认知

《幼儿园教育指导纲要（试行）》明确提出，城乡各类幼儿园应从实际出发，因地制宜地实施素质教育，为幼儿一生的发展打好基础。从小养成良好的行为习惯将会使学前儿童受益终生。园所为规范学前儿童日常行为，应制定相应的学前儿童日常行为规范。一般来说，学前儿童日常行为规范主要包括生活习惯、学习习惯、文明礼仪、安全意识四个方面。

生活习惯包括文明进餐、正确喝水、正确洗手、自理大小便、安静睡眠等。

学习习惯包括遵守游戏规则、遵守教学秩序、勇于表达和探索、乐于参加活动、保持正确坐姿、掌握正确握笔姿势、培养良好阅读习惯等。

文明礼仪包括爱祖国、爱家乡、爱父母、爱幼儿园、爱小朋友、讲礼貌、守秩序、不撒谎等。

安全意识包括认识安全标志、遵守交通规则、学会保护自己、熟记 119 和 110 等紧急求助电话、了解日常饮食起居方面的安全常识等。

对点案例

我叫小白，今天第一天上幼儿园。我好害怕，不想离开妈妈。但是妈妈说，我已经长大了，上幼儿园能交到许多朋友，有很多好玩的游戏，就像去游乐场一样。来到幼儿园门口，妈妈拥抱了我，保证我在幼儿园睡醒后就来接我。我知道妈妈一定不会骗我的。我的老师笑得真好看，还亲切地叫我小名，她牵着我的手把我带到了班级里。幼儿园里的玩具可真多呀，我都没有玩过，老师还带我们玩游戏、唱儿歌。最重要的是，幼儿园的操场里有一座超好玩的滑梯，和小朋友们从高高的滑梯上溜下来，那种感觉太棒了。玩了半天，吃过香喷喷的饭菜，我困了。幼儿园的小床真可爱，香香的被子，软软的枕头，跟家里一样。等我睡醒时，老师还帮我穿衣服、梳辫子。咦，门口来人了，是我的妈妈！妈妈抱着我，亲了亲我的小脸蛋，直夸我是个好宝宝。我跟妈妈说："幼儿园里真好玩，我明天还要来！"

三、学前儿童对社区的认知

学前儿童对社区的认知主要包括四个方面的内容：对社区机构的认知；对社区各种职业的认知；对社区交通工具的认知；对社区历史与风俗的认知。学前儿童的生活离不开一定的社区，他们通常会在幼儿园开展的各类游戏活动中再现这些机构的情景和有关情节。

（一）学前儿童对社区机构的认知

让学前儿童走进社区，认识社区的各种机构，如社区办事处、敬老院、生活服务部、医疗服务部、安全监控中心、物业管理处等以及社区的各种设施，如医院、商场、超市、餐厅、理发店、银行、消防站、邮局、动物园、公园、影剧院、博物馆等。园所也可以组织学前儿童参观附近的工厂、医院、学校等。

对点案例

一个阳光明媚的下午，黄老师及部分家长志愿者带领中班幼儿来到社区的小超市参观。在小超市里，孩子们了解商品是怎么分类摆放的，认识商品的价格标签，学习购物的过程和付钱的方法。通过参观社区小超市，孩子们体验到了参观的快乐。社区认知活动丰富了幼儿的社会经验，开阔了幼儿的眼界，促进了幼儿的全面发展。

（二）学前儿童对社区各种职业的认知

幼儿教师可带学前儿童访问社区内的劳动模范、解放军战士、医务人员、警察等，听听他们的先进事迹和各种知识、小常识，开阔幼儿的视野，扩大幼儿的知识面。要让学前儿童知道医生、警察、教师、消防员、司机等相关职业的名称，了解各种职业人群的主要工作以及与自己的关系等。

（三）学前儿童对社区交通工具的认知

要让学前儿童认识飞机、火车、公交车、出租车、地铁、轮船等公共交通工具，认识警车、救护车、清洁车、洒水车、消防车、车站、机场、码头等公用设施。

（四）学前儿童对社区历史与风俗的认知

社区的历史、风俗、革命传统可作为园所的“乡土教材”，是学前教育的宝贵资源。教师可以带领学前儿童参观敬老院，让老人给孩子们讲一讲社区历史和风俗。

四、学前儿童对家乡、国家与民族的认知

学前儿童对家乡、国家与民族的认知主要包括三个方面的内容：对家乡的认知；对国家的认知；对民族的认知。教师要引导学前儿童建立对家乡、国家、民族的初步认知，激发学前儿童热爱自己家乡和祖国的情感，培养学前儿童的民族荣誉感和自豪感。

（一）学前儿童对家乡的认知

学前儿童对家乡的认知主要包括：知道自己家乡的名称，以及它在地图上的大致位置；知道自己家乡的风景名胜、著名建筑、风土人情、风俗习惯、特色小吃、名人英雄、主要生活方式等。幼儿教师可设计相关主题活动，让学前儿童了解家乡的各种资源、了解人与环境的关系，培养学前儿童的环保意识，促进学前儿童的全面发展。

对点案例

大班王老师在社会活动“我的家乡”课堂上，向幼儿展示家乡风景、标志性建筑、土特产等相关图片，引导幼儿发现这是自己的家乡。接着，她向幼儿介绍家乡的风景名胜和标志性建筑，带领幼儿了解家乡的土特产。介绍完后，老师又组织幼儿开展

"我当小导游"游戏活动，请个别幼儿来讲解，其余幼儿充当游客，使幼儿们认识到家乡有美丽的风景、好吃的特产，生活在这里真好！通过这次活动，幼儿了解了自己所在的城市，为自己的家乡感到自豪，萌发热爱自己家乡的美好情感。

（二）学前儿童对国家的认知

学前儿童对国家的认知主要包括：知道自己祖国的名称，以及它在地球仪上的大致位置；知道我们国家的首都、国旗、国徽、国歌等；知道祖国的风景名胜、著名建筑等；了解我们国家的重大节日，如春节、清明节、端午节、中秋节、重阳节等。教师应注意创设相应的教育环境对学前儿童进行爱国主义教育，真正做到让每一面墙壁会说话。这不仅能增长学前儿童的知识，也能使学前儿童产生热爱祖国的情感，达到热爱祖国的社会教育目的。

课程思政

家国情怀与人类使命

在纪念五四运动100周年大会上的讲话中，习近平总书记指出，"新时代中国青年，要有家国情怀，也要有人类关怀"，不仅要"为实现中华民族伟大复兴而奋斗"，而且要为"推动构建人类命运共同体而努力"。因此，面对世界百年未有之大变局，青年在筹划人生时，个人成长、家国前途、人类命运这三者都应有所思量、不可偏废。

心系家国　成为有益于国家的爱国者

绝大多数中国青年都有拳拳爱国之心、报国之情，但热爱国家不能仅仅停留于情感，还应见诸行动。在具体的行动中需要注意几个问题：一是要处理好个人自由与国家权力的关系，不能将二者对立起来。二是要处理好个人利益、特殊利益与国家利益的关系。在任何时候，个人利益、特殊利益都不能凌驾于国家利益之上，尤其不能危害国家利益、国家安全。三是不能将爱国主义抽象化，不能将国家与政府、国家与社会主义制度、国家与党的领导对立起来。国家不是一个概念，而是现实存在的国家。我们所爱的中国就是中华人民共和国，是中国共产党领导下的社会主义的中国。

关心人类　成为崇尚和平的友善者

关心人类，意味着崇尚和平，支持各民族的友好交往。鉴往知来，我们最能体会和平的珍贵，深知各民族之间的友好交往最符合所有人的利益。司马迁早就认识到：要求人民之间老死不相往来，就等于堵塞人民的耳目，这根本就行不通。人们只有互通有无，才能享受不同地方的物产、才能生活富足。和平的环境是友好交往的前提，这是不言而喻的。一个动荡的世界、一个战火频发的世界，生命尚且朝不虑夕，其他一切怕是都谈不上。全球化为全人类带来了更多的利益。这不仅体现在物质财富的增长上，而且体现为人类视野的开阔、能力的提升。新冠疫情使人们更加深刻地意识到，全世界各个民族、各个国家已经形成了一个事实上的命运共同体。中国青年应积极发声，传播“和平、发展、公平、正义、民主、自由”的全人类共同价值，积极参与国际合作，为构建人类命运共同体作出自己的贡献。

资料来源：潘中伟. 家国情怀与人类使命［N］. 河南日报，2022-04-29（15）.

（三）学前儿童对民族的认知

学前儿童对民族的认知主要包括：知道我国民族的数量，了解各民族的名称，了解各族人民的风土人情、风俗习惯、主要的生活方式、传统服饰、特色食品、特色文艺作品等。幼儿教师可以开展丰富多彩的主题活动，通过认知探索活动、社会活动、亲子实践活动等引导学前儿童初步认识各民族的服饰、风俗、小吃等民族文化，进而培养他们热爱多民族祖国、团结各民族的情感。

五、学前儿童对重大社会事件的认知

学前儿童对重大社会事件的认知主要包括三个方面的内容：对在国内外社会产生重大影响事件的认知；对全球环境变化的认知；对身边发生的重大社会事件认知。学前儿童对重大社会事件的认知是学前儿童了解社会、关心社会的一个重要途径。

（一）学前儿童对在国内外社会产生重大影响事件的认知

学前儿童对在国内外社会产生重大影响事件（如 2022 年北京冬奥会等）的认知程度，能反映出学前儿童的认知能力与社会性发展水平。

对点案例

2022 年 2 月，举世瞩目的冬奥会在北京举行。为更好地迎接这一冰雪盛事，推广冬奥文化，山东大学第二幼儿园开展了冬奥系列主题活动。老师组织各班观看冬奥宣传片，欣赏冬奥主题艺术作品等，了解各种冬奥项目，体会冬奥运动员的拼搏精神。老师还带领幼儿了解冬奥会的标志——吉祥物“冰墩墩”和“雪容融”，并鼓励小朋友们拿起画笔，捏起彩泥，动手设计自己心目中的吉祥物。通过冬奥系列主题活动，幼儿们被祖国的强大和运动员们的精神所感染，提升了民族自豪感，激发了体育锻炼的兴趣。

（二）学前儿童对全球环境变化的认知

引导学前儿童认知全球环境变化，可以使他们萌发关心和爱护动植物的情感，树立保护环境的意识。教师可以向学前儿童介绍有关地震、台风、沙尘暴、雾霾天气等的知识，让学前儿童了解人类破坏环境造成的恶劣影响，引导学前儿童关注地球，关心气候，支持环境治理和环境保护工作等。

（三）学前儿童对身边发生的重大社会事件的认知

学前儿童对身边发生的重大社会事件的认知主要是了解近期社区以及身边的一些重大活动。幼儿教师可以搜集一定的新闻事件作为教学素材，以适当的形式呈现给学前儿童。对这些新闻事件的认知，可以增强学前儿童的归属感和社会责任感。

学习完本任务，相信你一定可以更为深入地回答“情景导入”部分的问题。

赵老师通过带领幼儿参观社区机构，将社区内潜在的教育资源有效地加以开发利用，将社会环境作为学前儿童社会化最直接的载体，这不仅能够促进学前儿童的全面发展，也能使学前教育从封闭走向开放。有效运用社区环境，能为学前儿童提供更多接触社会、与人交往的机会，从而培养学前儿童良好的社会适应能力。

学习笔记

实践训练

结合幼儿园见习经历，谈谈幼儿园开展的学前儿童社会环境教育的内容。

一、实训目标

能够清晰阐述学前儿童社会环境教育的内容。

二、实训过程

（1）去幼儿园见习。

（2）观察、总结幼儿园开展的社会环境教育。

（3）交流分享。

三、实训要求

（1）所交流分享的内容一定属于学前儿童社会环境教育的范畴。

（2）分享时思路清晰、语言流畅。

岗课赛证测验

岗课赛证测验

学习任务完成情况评价表

评价标准	自我评价（达到打√，未达到画○）	小组评价（达到打√，未达到画○）	教师评价（达到打√，未达到画○）
能够说出学前儿童社会环境教育的内容			
能够结合案例，分析学前儿童社会环境教育的内容			
能够结合实际，丰富学前儿童社会环境教育内容			

任务三 学前儿童社会环境教育活动的设计与实施

情景导入

腊八节到啦，某幼儿园开展了“暖暖中国味 浓浓腊八情”活动。首先，幼儿通过绘本《香香甜甜腊八粥》了解了腊八节喝腊八粥这一节日习俗；接着，幼儿认识和品尝了腊八粥，制作了腊八蒜；最后，幼儿一起学唱了《腊八歌》。

思考：你觉得该活动是否属于学前儿童社会环境教育活动？为什么？教师在设计与实施学前儿童社会环境教育活动时需要注意哪些问题？

我的回答：

任务分析

学前儿童社会环境教育的内容特别丰富，教师应根据学前儿童的不同年龄特点，设计与实施针对性较强的学前儿童社会环境教育活动。

知识准备

名人名言

大自然充满乐趣、无比美丽，热爱自然是一种好习惯，保护环境是每个人的责任，少年儿童要在这方面发挥小主人作用。

——习近平

我们一定要帮助儿童张开眼睛、打开耳朵、挥动双手，使儿童能认识环境、接触环境，以致创造环境。

——陈鹤琴

不同年龄班的学前儿童认知、思维等水平差异较大，教师应结合学前儿童社会环境教育的内涵和内容，设计符合学前儿童年龄特点的学前儿童社会环境教育活动，并加以实施。

一、小班幼儿社会环境教育活动的设计与实施

根据小班幼儿（3～4岁）社会环境教育的年龄阶段目标，教师可以有针对性地设计以下有关小班幼儿社会环境教育内容的活动方案：

（1）我爱我家（家庭认知）。

（2）我喜欢上幼儿园（幼儿园认知）。

（3）不一样的职业（社区认知）。

（4）认识国庆节（家乡、国家、民族认知）。

（5）为冬奥会喝彩（重大社会事件认知）。

知识链接

《3～6岁儿童学习与发展指南》社会适应方面的“目标1　喜欢并适应群体生活”对3～4岁幼儿的目标要求如下：

（1）对群体活动有兴趣。

（2）对幼儿园的生活好奇，喜欢上幼儿园。

《3～6岁儿童学习与发展指南》社会适应方面的“目标3　具有初步的归属感”对3～4岁幼儿的目标要求如下：

（1）知道和自己一起生活的家庭成员及与自己的关系，体会到自己是家庭的一员。

（2）能感受到家庭生活的温暖，爱父母，亲近与信赖长辈。

（3）能说出自己家所在街道、小区（乡镇、村）的名称。

（4）认识国旗，知道国歌。

对点案例

小班社会活动：我爱我家

活动目标

（1）明白家是一家人共同生活（起居、饮食、相聚）的地方。

（2）认识家庭成员相互间的关系和各自的职责。

（3）学会与家人相处的态度和技巧。

活动准备

（1）经验准备：小班幼儿对于自己的家庭环境和家庭成员较为熟悉。

（2）物质准备：家庭树一棵，录有老师家中情景的一段视频，幼儿每人带一张全家福照片。

活动过程

（一）视频导入，老师介绍自己的家

请幼儿看视频，老师同时进行讲解：这是我的家。我家有4口人，住在城西小学的对面。我的家里有厨房、卫生间、卧室、书房。这是厨房，是洗菜、做饭的地方；这是卫生间，里面有浴缸、洗衣机、热水器等，是洗脸、刷牙、洗澡的地方；这是卧室，里面有床、沙发、电视机，我们每天就在这儿睡觉、休息；这是书房，是学习、看书的地方。我的家很幸福，我很爱我的家。

（二）幼儿分别描述自己的家

老师随机请小班幼儿分别描述自己的家。

小结：我们每个人都有自己的家，家很温暖、很舒适，我们每天在家里休息、睡觉、吃饭、洗澡、看书，我们都很爱我们的家。

（三）认识家庭成员相互间的关系和各自的职责

（1）布置家庭树，讨论家庭成员相互间的关系和各自的职责。

提问：小朋友家里都有哪些人？他们在家做什么？

让幼儿自由讨论。

（2）幼儿讲述，说说家庭成员相互间的关系和各自的职责。

小结：有的小朋友和爸爸妈妈生活在一起，有的和爷爷奶奶生活在一起，他们非常关心体贴我们。他们每天要做许许多多的事情，我们也是家中的一分子，应该体贴、尊重爸爸妈妈、爷爷奶奶，帮助他们做一些力所能及的事。

（四）学习与家人相处的正确态度与方法

提问：我们生活在家庭中，会发生许许多多的事，有快乐的，也有不快乐的。请你们将家中发生的一件事告诉大家，好吗？

幼儿讲述，教师进行指导，初步教会幼儿与家人相处的态度和方法。

小结：一家人相处时应互相关心爱护，快乐时，大家应共同分享；不快乐时，如爸爸妈妈错怪你了，应向爸爸妈妈解释理由。

（五）学唱歌曲《可爱的家》，活动结束

组织幼儿学唱歌曲《可爱的家》，增进幼儿对家人的感情。

活动延伸

让幼儿将今天所学的知识分享给爸爸妈妈。

资料来源：高凌．小班社会活动：我爱我家［J］．早期教育，2004（7）：29.

二、中班幼儿社会环境教育活动的设计与实施

根据中班幼儿（4～5岁）社会环境教育的年龄阶段目标，教师可以有针对性地设计以下有关中班幼儿社会环境教育内容的活动方案：

（1）我爱爸爸妈妈（家庭认知）。

（2）老师爱我，我爱她（幼儿园认知）。

（3）我爱××社区广场（社区认知）。

（4）快乐的中秋节（家乡、国家、民族认知）。

（5）保护环境（重大社会事件认知）。

知识链接

《3～6岁儿童学习与发展指南》社会适应方面的“目标1　喜欢并适应群体生活”对4～5岁幼儿的目标要求如下：

（1）愿意并主动参加群体活动。

（2）愿意与家长一起参加社区的一些群体活动。

《3～6岁儿童学习与发展指南》社会适应方面的“目标3　具有初步的归属感”对4～5岁幼儿的目标要求如下：

（1）喜欢自己所在的幼儿园和班级，积极参加集体活动。

（2）能说出自己家所在地的省、市、县（区）名称，知道当地有代表性的物产或景观。

（3）知道自己是中国人。

（4）奏国歌、升国旗时能自动站好。

对点案例

中班社会活动：保护环境

活动目标

（1）引导幼儿认识破坏环境造成的严重后果，认识到保护环境的重要性。

（2）让幼儿知道保护环境要从自己做起，从身边的小事做起。

（3）尝试用多种形式进行环保设计制作，树立幼儿的自信心，培养其合作意识。

活动准备

（1）经验准备：中班幼儿已经知道垃圾不能乱丢，要保护环境卫生等。

（2）物质准备：课件、图片、各种废弃的物品、剪刀、胶水、彩笔等。

活动过程

（一）歌曲导入，通过竞赛游戏，丰富幼儿的环保知识

听歌曲《绿色的家》，以竞赛形式开展活动。

1. 分男女组抢答，谁先答出，奖励贴画一张

（1）图中哪些环境遭到了破坏？（河流污染、大气污染、垃圾成堆等）

（2）图中哪些物品大量使用会破坏环境？（塑料袋、化工原料、煤炭的使用等）

（3）图中哪些行为你认为做得不对？应如何做？（乱扔垃圾、随地吐痰、乱砍滥伐等）

（4）图中哪些做法我们应该坚持做？（把垃圾放入垃圾箱，外出买东西自己带编织袋、不用塑料袋等）

2. 引导幼儿思考并讨论交流

（1）环境遭到破坏后对我们有什么危害？

空气污浊、污水横流、垃圾围城……连远在冰天雪地的南极企鹅体内也发现了农药残留，蓝天碧水已经成为许多人儿时的记忆和遥不可及的梦想。水污染使水环境质量恶化，饮用水源的质量普遍下降，威胁人的身体健康，引起胎儿早产或畸形，人们的发病率逐年上升。严重的污染事件不仅带来健康问题，也造成了许多社会问题。

（2）我们今后应怎么做？

（二）讨论如何保护周围环境

（1）师：你们愿意生活在这些被破坏的环境中吗？

让幼儿想好后表述自己的意见，并说清楚原因，培养幼儿把话说清楚、说完整的好习惯。

师：我们应该怎么从自己身边的小事做起呢？

如在学校不随地扔垃圾，在公共场合也如此；做课间操时，要关上教室的灯；洗手时，水开小一点；爱护草坪；等等。

师：如果碰到别人做破坏环境的事，我们应怎么办呢？

让幼儿知道保护环境要从自己做起，并要提醒周围人也做到。

（2）幼儿讨论：怎样提醒周围人注意保护环境呢？

师总结：我们可以口头告诉他人正确的做法，也可以身体力行给别人做出榜样，还可以做一些醒目的标志让别人看到，如做一些宣传单、画一些宣传画、做个漂亮的垃圾箱等。

（3）幼儿自由组成小组，制作自己喜欢的东西。

（三）分组制作设计（边放轻音乐边制作）

（1）做宣传单：以"保护环境，大家齐动手""保持地球生态平衡，就是保护人类自身"等为主题。

（2）画宣传画：以"看到垃圾就要捡""不破坏花草树木""找回原来的蓝天碧水"为主题。

（3）利用废弃物品做手工：用各种小瓶做汽车，用废旧光盘做自行车，用各种废纸做纸花等。

（4）做垃圾箱：幼儿利用废纸箱做一个大的垃圾箱，一起对垃圾箱进行装饰，并将其放在幼儿园醒目的地方，提醒其他幼儿不随地扔垃圾。

（四）师生小结

保护环境是我们每一个人的责任和义务，我们应从自己身边的小事做起，并提醒周围人也注意保护环境。让我们共同把地球打扮得漂亮、干净！保护环境就是保护我们自己！

活动延伸

请小朋友们问问爸爸、妈妈或周围的人，也可以上网查询哪些垃圾是可以回收的、哪些不能回收。

资料来源：王秀侠. 中班社会活动：我爱我家［J］. 教育实践研究，2015（7）：67-68.

三、大班幼儿社会环境教育活动的设计与实施

根据大班幼儿（5～6岁）社会环境教育的年龄阶段目标，教师可以有针对性地设计以下有关大班幼儿社会环境教育内容的活动方案：

（1）幸福一家人（家庭认知）。

（2）我们这个班（幼儿园认知）。

（3）美丽的社区我的家（社区认知）。

（4）扫码中国（家乡、国家、民族认知）。

（5）重庆“纤夫精神”（重大社会事件认知）。

知识链接

《3～6岁儿童学习与发展指南》社会适应方面的“目标1　喜欢并适应群体生活”对5～6岁幼儿的目标要求如下：

（1）在群体活动中积极、快乐。

（2）对小学生活有好奇和向往。

《3～6岁儿童学习与发展指南》社会适应方面的“目标3　具有初步的归属感”对5～6岁幼儿的目标要求如下：

（1）愿意为集体做事，为集体的成绩感到高兴。

（2）能感受到家乡的发展变化并为此感到高兴。

（3）知道自己的民族，知道中国是一个多民族的大家庭，各民族之间要互相尊重，团结友爱。

（4）知道国家一些重大成就，爱祖国，为自己是中国人感到自豪。

对点案例

大班社会活动：扫码中国

活动目标

（1）了解中国的世界之最，感受祖国的伟大。

（2）尝试使用移动终端扫码功能观看视频资料并记录。

（3）为自己是中国人感到幸福和自豪。

活动准备

（1）经验准备：幼儿了解二维码的特征和作用，和家长一起搜集中国的世界之最的有关资料。

（2）物质准备：教师利用交互式学习软件制作有关世界之最的交互游戏；平板电脑、手机、各种二维码、记号笔、记录表等。

活动过程

（一）谈谈祖国，引出主题

引导语：小朋友们，你们看，这是什么？你是从哪些地方认识我们祖国的？

教师出示中国的地图、国旗、国徽等，引导幼儿讨论，丰富幼儿对祖国的认知。

小结：小朋友们外出旅游时领略了祖国的大美山河，从祖辈口中听到了祖国的历史故事，从生活中看到了祖国的快速发展。

（二）探索操作，尝试扫码

1. 初步体验二维码的作用

引导语：今天我们要用一种特别的方式来认识我们的祖国，你们看，这是什么？它怎么使用？这个二维码里面藏了什么秘密呢？我们用手机扫一扫，一起来看一看吧。课件上出示二维码，教师用手机扫码，投射到大屏幕上，师幼一起欣赏短视频《厉害了，我的国》。

引导语：看完这段视频，你有什么样的感受？你想对我们的祖国说些什么呢？（幼儿自由发言，教师引导幼儿完整表达。）

2. 了解长城是世界之最

引导语：小朋友们看，这是什么？关于万里长城，你们都知道些什么呢？

利用课件展示万里长城的图片，幼儿观察图片，分享自己搜集到的相关知识，教师引导幼儿准确表达。

小结：中国的万里长城又长又坚固，它是世界上最长的城墙。

3. 扫码了解中国的世界之最

引导语：后面操作台上有许多二维码，每个二维码中都藏着一个中国的世界之最。大家四人一组，扫一扫、看一看、记一记，比一比哪一组了解得最多。

（1）提出要求：使用平板电脑上的扫码功能识别二维码，欣赏中国的世界之最短视频；小组内幼儿轮流进行扫码操作，遇到困难时其他小组成员提供帮助，共同解决问题；认真观看视频资源，集体讨论如何记录，规范填写记录表。

（2）课件倒计时 7 分钟，幼儿分组扫码操作，教师巡视，重点发现幼儿在探索过程中出现的问题，观察幼儿的解决方法和过程，帮助幼儿解决移动终端出现的问题，并引导每组幼儿合理分工、通力合作。

（三）分享收获，提出质疑

1. 提出扫码过程中出现的问题

引导语：刚才在扫码的过程中你遇到问题了吗？都有哪些问题呢？

（1）鼓励幼儿大胆提出扫码过程中出现的问题。

例如：找不到扫码标识、二维码扫描不上、扫码后不出现画面等。

（2）引导幼儿一起讨论，找出解决问题的办法。

例如：如果找不到扫码标识，一起再次认识扫码标识；如果二维码扫描不上，可以把二维码放到扫码标识内维持 5 秒左右，保持移动终端的稳定，尽量不要晃动；如果长时间不出现画面，可以尝试退出重新扫码。

小结：扫码时，用扫码标识稳定地对准二维码，维持 5 秒左右，就可以看到二维码中藏着的秘密了。

2. 以小组为单位分享收获

引导语：小朋友们刚刚学会了扫码，那么展示台上的二维码中藏着中国的哪些世界之最呢？你和小伙伴是如何记录的？请大家来分享你们的收获吧！

（1）幼儿手持记录表，教师将记录表投射到大屏幕上，幼儿逐一分享，要说清楚世界之最的名称、特点和功能等。

（2）以小组为单位，每组选派代表，参照记录表分享自己小组看到的中国的世界之最。每分享一条，小组获得小国旗贴纸一张，其他小组成员可以补充。（分享结束，统计哪组得到的小国旗贴纸最多。）

小结：小朋友们的分享很精彩，让我们了解了祖国的伟大，我们为自己是中国人感到自豪。

（四）交互游戏，增进爱国情感

引导语：刚才小朋友们认识了 8 项中国的世界之最，这些世界之最都有哪些呢？请两位小朋友组成一组进行表达，比比谁知道得多。哪两个小朋友愿意先来挑战呢？

幼儿两人一组玩有关世界之最的交互游戏，进一步巩固知识难点。

（五）师幼共唱《歌唱祖国》，结束活动

教师和幼儿共唱歌曲《歌唱祖国》，在歌声中进一步体会祖国的伟大。

活动延伸

师：在幼儿园的角角落落里，有很多的二维码。图书角有二维码，它能指导你们如何读书；展示区有二维码，它能告诉你们作品的内容和小作者；小树小花上有二维码，它能向你们做自我介绍。今天，我们把中国世界之最的二维码贴到幼儿园展示区，让更多的小朋友和家长扫码了解我们的祖国。

资料来源：薛洁，郝飞．大班社会活动：扫码中国［J］．早期教育，2022（18）：36-37.

学习完本任务，相信你一定可以更为深入地回答“情景导入”部分的问题。

“暖暖中国味　浓浓腊八情”活动属于学前儿童社会环境教育活动。该活动主要是引导学前儿童认知国家的传统节日。教师在设计与实施学前儿童社会环境教育活动时，一定要充分挖掘学前儿童社会环境教育的内容，并结合学前儿童的年龄特点开展相关的专门教育活动、游戏活动，同时争取取得家庭和社区的支持。

学习笔记

实践训练

模拟教学：学前儿童社会环境教育。

一、实训目标

根据所学知识，选择本任务中某一个对点案例的教案，开展学前儿童社会环境教育的集体教学。

二、实训过程

（1）回顾学前儿童社会环境教育活动的设计与实施的相关内容。

（2）选择对点案例。

（3）开展模拟教学。

（4）交流分享，写出活动反思。

三、实训要求

（1）活动目标明确；活动准备充分；活动过程完整，并注重师幼互动；能够呈现活动延伸的内容。

（2）教态适宜，语言规范，条理清楚，逻辑性强，表达流畅。

岗课赛证测验

岗课赛证测验

学习任务完成情况评价表

评价标准	自我评价（达到打√，未达到画○）	小组评价（达到打√，未达到画○）	教师评价（达到打√，未达到画○）
能够设计不同年龄段学前儿童的社会环境教育活动			
能够实施不同年龄段学前儿童的社会环境教育活动			
能够点评学前儿童社会环境教育活动的设计与实施			

• 项目小结 •

本项目主要包括三个任务：学前儿童社会环境教育概述；学前儿童社会环境教育的内容；学前儿童社会环境教育活动的设计与实施。

学前儿童社会环境教育就是坚持以人为本，促使学前儿童理解人与环境相互依存的关系，喜欢并适应群体生活，逐步萌发社会小公民意识的教育过程。

学前儿童社会环境教育可以促进学前儿童社会适应能力的发展，能够使学前儿童对所处环境产生归属感，能够使学前儿童萌发爱的情感和爱国情怀。

学前儿童社会环境教育的内容特别丰富，包括对家庭的认知，对幼儿园的认知，对社区的认知，对家乡、国家与民族的认知，以及对重大社会事件的认知等。

不同年龄班的学前儿童在社会环境认知方面的发展有不同的特点，教师应该根据小班（3～4岁）、中班（4～5岁）、大班（5～6岁）这三个年龄阶段学前儿童的发展特点，有针对性地分别进行社会环境教育活动的设计与实施。

项目六

学前儿童社会规范教育

社会规范是一种关系范畴，是调节主体间关系、指导主体参与社会生活的行为准则。社会规范是一个有机系统，它由各类相对独立的规范构成。在开展学前儿童社会规范教育时，应理解学前儿童社会规范教育的内涵和学前儿童接受社会规范的阶段，熟悉学前儿童社会规范教育的内容，并掌握学前儿童社会规范教育的策略。

学习目标

1. 理解学前儿童社会规范教育的含义和意义；
2. 掌握学前儿童接受社会规范的阶段及其特点；
3. 知道学前儿童社会规范教育的内容；
4. 能够灵活运用学前儿童社会规范教育的策略；
5. 能够设计和实施学前儿童社会规范教育活动；
6. 树立“教书者必先学为人师，育人者必先行为世范”的教书育人理念。

学习内容

项目六　学前儿童社会规范教育

- 任务一　学前儿童社会规范教育概述
- 任务二　学前儿童社会规范教育的内容
- 任务三　学前儿童社会规范教育的策略
- 任务四　学前儿童社会规范教育活动的设计与实施

项目六导学

任务一　学前儿童社会规范教育概述

情景导入

在手工活动中，当幼儿教师给予了其中一位幼儿帮助后，其他幼儿也会发出“老师，我也不会”的帮助请求，实际上这些幼儿有能力自己完成，但他们仍然要模仿请求帮助。此外，当幼儿发生争执时，若其中一位幼儿表示自己没有过错，另一名幼儿也会向幼儿教师表示他也没有过错。

思考：你知道幼儿为什么会有这些表现吗？

我的回答：

任务分析

学前儿童社会教育的最终目的就是让学前儿童养成符合社会要求的规范性行为，为将来成长为被大家接受的社会人做准备。学前儿童社会规范教育是学前儿童社会教育的重要组成部分，教师应理解学前儿童社会规范教育的含义和意义，并掌握学前儿童接受社会规范的阶段及其特点。

知识准备

名人名言

教师不能只做传授书本知识的教书匠，而要成为塑造学生品格、品行、品味的“大先生”。

——习近平

人生而有欲，欲而不得，则不能无求，求而无度量分界，则不能不争。争则乱，乱则穷。

——荀子

《幼儿园教育指导纲要（试行）》中明确指出，让幼儿理解并遵守日常生活中的基本的社会行为规则。

一、社会规范的含义

社会规范是哲学、伦理学、文化学、社会学、心理学等多学科共同研究的对象。

哲学家认为，规范即范式，指共同体成员共有的一整套规定，它决定着共同体成员的共有信念和价值标准，即他们的世界观、自然观及价值观。社会学家认为，社会规范是历史形成或规定的行为与活动的标准。社会规范具有一系列的功能。它对人们的社会行为起着调节、选择、系统、评价、稳定与过滤作用，并限定着人与人之间的关系。行为科学家认为，社会规范是指社会诸成员共有的行为规则和标准。规范可以内化成个人意识，即使没有外部的奖励也会遵循；规范也可以因外部的正面裁决或反面裁决而发生作用。

我们认为，社会规范在本质上是一种关系范畴，是调节主体间关系、指导主体参与社会生活的行为准则。社会规范是一个有机系统，它由各类具有相对独立性的规范构成。

二、学前儿童社会规范教育的含义

学前儿童对社会规范的认知主要来源于三个方面：一是父母、教师的影响，如父母经常告诫学前儿童“不能乱扔垃圾”“吃饭时不能用筷子在盘子里乱翻”“乘车时要有次序地上下车”等；二是法律规定和道德规范，如公民文明行为规范、交通法规等；三是学前儿童的社会互动，如一个学前儿童抢夺别人的玩具，同伴就会不喜欢他，不和他玩。

学前儿童社会规范教育是一种在活动与交往中引导学前儿童掌握适宜的道德规范、合群性规范、集体规范、安全健康规范和谨慎规范，并使其逐步内化为学前儿童行为的建构过程与活动。

对点案例

我和孩子们在操场上讨论晨间锻炼的规则，弘弘的眼睛直勾勾地盯着大球。选择运动器械的音乐一响起，弘弘便撒开腿，朝大球飞奔过去。这时，场地上的大球只剩下一个了，弘弘和新迪同时拿到了这个大球。两个人你不让我、我不让你地争起来。弘弘大喊：“是我先拿到的！”新迪说：“不对，你是跑过来的，是我先拿到的！”弘弘仍大叫：“我要玩！”我轻轻地对他们说：“你们俩商量一下，想个办法，要不这样下去谁也玩不了。”于是，新迪用商量的口气对弘弘说：“我先玩，等会儿交换的时候再给你玩，好吗？”弘弘松开了拿着大球的手，两个小伙伴交替着玩起了大球。

三、学前儿童社会规范教育的意义

社会规范可以作为评价个体行为社会价值的标准。每个社会都有其特定的社会规范，它们是社会成员规范自己行为的准则。社会规范可以规范社会成员的行为，有利于维持社会秩序，实现有效的社会控制，保证社会的稳定有序。因此，社会规范的社会学意义是显而易见的。对于学前儿童来说，了解和掌握社会规范，对其成长和发展具有重要意义。

（一）有助于学前儿童树立正确的是非观

是非观是学前儿童形成道德认识、道德判断的重要前提，也是其主要内容。学前儿童了解和接受了社会规范，就知道了哪些行为是正当的、合法的、美的、善的，哪些行为是不正当的、非法的、丑的、恶的，从而做出正确的行为选择，并且对别人的行为做出正确的评价。随着学前儿童思维的发展以及理解水平的提高，他们对社会规范的掌握会更加概括、系统，所形成的是非观也就更加稳定、完整。

对点案例

一名 4 岁女孩很想到一块碧绿柔软的草坪上玩耍，但当妈妈向她解释了草坪木牌上的“爱护草坪，请勿践踏”的含义后，她便懂事地不再提这种要求了。以后，当她看到其他小朋友进入草坪时，还会上前阻止。

（二）有助于学前儿童社会化的顺利完成

社会化是指在特定的社会环境中，个体形成适应该社会文化的人格，掌握该社会公认的行为方式的过程。在社会化过程中，一个自然人逐步转变为社会人。尽管人的社会化要在20岁左右才初步完成，但早期社会规范的学习仍是非常重要的，可以为以后的社会化奠定基础。

学前儿童出生后，最先交往的对象是父母，父母的客观地位与作用决定了他们是学前儿童模仿的榜样，父母的人格、信仰、价值观、行为方式等，都有可能是学前儿童学习的内容。父母的言行符合社会规范，有利于学前儿童了解和掌握社会规范。心理学研究表明，那些生活在父母本人就是良好榜样的家庭中的学前儿童，很少出现问题行为和不良人格，在对生活目标的追求上，他们也尽量模仿父母，尝试用父母的方式处理问题，能够乐观地对待挫折，自制力强，社会适应较好。

（三）有助于学前儿童健全人格的构建

健全人格的构建是家庭、社会环境及自我教育等多方面因素长期的、共同作用的结果，是人终身修炼的目标。在学前期接受相应的社会规范并实践这些规范行为，无疑可以为学前儿童以后的健全发展奠定良好的基础。所以，社会规范应该是学前儿童素质教育的一项重要内容，是培养其健全人格的必要条件。

对点案例

悦悦是一名三岁的小女孩，每天坐电梯上下楼的时候，悦悦见到楼上楼下邻居家的叔叔阿姨、爷爷奶奶，都会很有礼貌地打招呼。妈妈每次看到她很有礼貌地向邻居问好，都会及时表扬她很懂礼貌，知道如何与邻居相处。悦悦也很高兴，慢慢地，她越来越喜欢与人交往了。

四、学前儿童接受社会规范的阶段及其特点

学前儿童接受社会规范的过程可划分为不同的阶段。他们会盲从，别人怎么样就会跟着怎么样，也会主动地效仿别人的行为，这些都是学前儿童在理解和接受社会规范的过程中会出现的正常现象。

根据学前儿童道德发展的有关理论以及相关的实验研究，可将学前儿童接受社会规范的过程分为两个阶段，每个阶段各有其特点。

（一）服从阶段及其特点

服从阶段是指学前儿童出于对教育者的依恋和崇拜，或者因害怕可能受到某种惩

罚而去服从和遵守教育者所提出的行为要求的阶段。一般来讲，4 岁以前的儿童主要处于这一阶段。在这一时期，学前儿童基本不能以自己的价值标准判断是非，没有真正认识到社会规范的意义和必要性，只是被动地服从。

处于服从阶段的学前儿童，其规范行为具有以下特点。

1. 盲目、被动性

此时由于学前儿童还没有真正认识到行为的意义，只是出于对教育者的敬畏、信赖或恐惧等而服从，所以，其行为是盲目、被动的。但是如果学前儿童长期为之而形成习惯，并对行为的结果感到满意，他就会将此行为保持下来而逐渐变成自觉行为。

对点案例

悦悦上小班的时候，教室在三楼，孩子们每天上下楼需要遵守规则，不然很容易发生危险。老师给孩子们编了一首童谣："小朋友上（下）楼梯，小手扶好小栏杆，你不推，我不挤，安安全全上（下）楼梯。"孩子们刚开始并不理解这个规则，但每天户外活动、离园的时候都会唱这首歌，自然而然地便学会了上下楼梯的规则，从来没有出现危险情况。

2. 工具性

虽然学前儿童开始时会被迫接受某些行为要求，但他很快就会发现，当他做出了符合外部要求的行为时，会获得教育者的赞许或其他奖赏，也可能会避免某些惩罚，那么，这种服从行为就会逐渐成为满足其需要的工具或手段。比如，当学前儿童听从教师的要求收拾玩具时，教师对学前儿童的这种行为予以言语表扬，并伴有微笑、轻轻抚摩幼儿的头等非言语奖励。那么，以后学前儿童就倾向于重复上述行为，以便再次得到相应的奖励，做出良好的行为就成为学前儿童获得教师喜爱与奖励的一种手段。

对点案例

那是一个周五的下午，例行的一周总结奖励活动就要开始了，我本来想好好花点心思，奖励每位幼儿一只用五彩纸折成的兔子，好让他们高兴高兴，可折了两只兔子后，我被其他的事情耽误了一下，后来提不起精神继续折了，怎么办？突然，一个想法冒了出来，我何不把两只兔子与其他大小不等、颜色不同的星星一起作为奖品，让幼儿自己评价，自主决定该如何奖励。结果，对这次奖励活动，幼儿异常活跃、兴奋，积极性大大地提高了，他们每个人都有发言权，我每举起一样奖品，他们就说出这个奖品应该奖给谁、为什么要奖给他，等全班都通过后我就将该奖品奖给那位幼儿，然后让其他幼儿再对他说一些勉励的话，希望被奖励的幼儿下周哪些方面再取得进步。

尝到了一次甜头，以后的奖励活动我都把奖励权交给幼儿，渐渐地，我发现他们的思维有了明显的提升，对一些事能有自己独到的见解，并敢于大胆地表述出来，口头表达能力大大提高了，最重要的是，他们学会了欣赏别人的长处，也知道了自己的不足。

3. 情境性

处于服从阶段的行为是不稳定的，学前儿童在不同的情境下可能会有不同的行为表现。由于此时学前儿童尚未形成自己的主观判断，因此，如果成人对他的要求不一致，就会使学前儿童的服从行为表现出情境性。

对点案例

萌萌在幼儿园的时候饭量较大，且吃饭速度较快，但是家长总是反映孩子在家里不愿意吃饭。因为在幼儿园中，有的老师会鼓励孩子，如果有孩子吃完了，就会奖励小红花，吃不完的孩子是没有奖励的，孩子为了得到那朵小红花，就会乖乖吃饭。但是在家里，孩子没有奖励，就失去了吃饭的动力。

总之，学前儿童的可塑性极强，教育者应适时地对学前儿童提出具体要求，使其对教育者产生信赖和敬畏，这样有助于学前儿童接受社会规范。

知识链接

科尔伯格的道德两难故事

美国儿童发展心理学家科尔伯格在皮亚杰之后对儿童品德发展问题进行了大量卓有成效的研究，提出了系统的道德发展阶段理论。

科尔伯格对皮亚杰的研究方法进行了改进，应用道德两难论的方法研究道德的发展问题，这种方法也称两难故事法。故事包含一个在道德价值上具有矛盾冲突的情境，让被试听完故事后对故事中的人物行为进行评论，从而了解被试进行道德判断所依据的原则及被试的道德发展水平。具有代表性的道德两难故事是“海因茨偷药的故事”。这个故事的大意是：欧洲有一位妇女患了重病，生命危在旦夕，医生告诉她的丈夫海因茨，只有本城一个药剂师最近发明的一种药可以救他的妻子。但该药价格十分昂贵，是成本价的十倍。海因茨四处求人，尽全力也只借到了购药所需钱数的一半，万般无奈之下，海因茨只得请求药剂师便宜一点卖给他，或允许他赊账，但药剂师坚决不答应他的请求，并说他发明这种药就是为了赚钱。海因茨在走投无路的情况下，为了挽救妻子的生命，在夜间潜入药店偷了药，治好了妻子的病，但海因茨因此被警察抓了起来。

科尔伯格围绕这个故事提出了一系列问题，让被试进行讨论，如海因茨该不该偷药？为什么该？为什么不该？海因茨犯了法，从道义上看，这种行为好不好？为什么？通过大量的研究，科尔伯格提出了三水平、六阶段理论。

（二）模仿阶段及其特点

模仿阶段是指学前儿童观察别人的行为进而模仿该行为的阶段，这也是学前儿童形成规范行为的必经阶段。

美国心理学家班杜拉的社会学理论认为，儿童可以通过观察他们生活中重要人物的行为而习得社会反应。儿童对他人行为的观察和模仿实际上也说明了环境对儿童心理发展的影响，这种影响有时远远大于成人的直接言语要求。

处于模仿阶段的学前儿童，其规范行为具有以下特点。

1. 主动性

与服从行为相比，模仿行为是具有一定的主观能动性的，学前儿童并不是模仿他看到的所有行为，而是选择他所喜爱的、对他有吸引力的或是他所依恋的人为榜样。事实表明，学前儿童对榜样的认同感越强烈，模仿也就越主动。学前儿童总是喜欢模仿他所喜爱的教师的一些言谈举止。

对点案例

跑跑在操场上玩玩具，看到别的班的孩子在老师的组织下玩包包剪剪锤，他脚底下也不由自主地、小幅度地学着包包剪剪锤的动作。

2. 模糊性

尽管学前儿童的模仿行为不是盲目的，但他们对行为的意义和依据的认识是模糊的，对所模仿的行为并没有独立的分辨善恶的能力。同时，榜样本身往往也不会意识到自己已经成为学前儿童模仿的对象，所以，成人的行为也会潜移默化地影响学前儿童。

对点案例

乐乐是一名自闭症儿童，经常在教室里做出一些异常行为，比如抓头发、咬衣领。有的小朋友会模仿他，甚至还会学他躺在地上打滚。老师建议乐乐家长带乐乐去专业的机构进行行为矫正。

3. 次稳定性

因为学前儿童是出于对榜样的仰慕或喜爱而发生模仿行为的，其对行为本身的意义认识并不深刻，所以，在一定范围内和一定时期内，这种模仿行为是相对稳定的。但随着学前儿童年龄的增长，其仰慕对象可能发生变化，再加上其道德认知水平不断提高，他们可能会重新认识榜样的行为，进而决定自己是否继续以此为榜样。值得注意的是，由于学前儿童生活的环境如家庭、幼儿园等是相对稳定的，因此，家长、教师等就有可能成为学前儿童经常模仿的榜样。如果此时的模仿行为成为习惯，那么对他们将来的发展是会有久远影响的。

模仿行为虽然水平高于服从行为，但它并不能取代服从行为。事实上，这两种行为在很长时间内是并存的、相互渗透的。如果学前儿童能够从最初的被迫服从到主动自愿地模仿某种规范行为，并由此得到积极的情绪和情感体验，那么，这种行为就有可能长期保持下去，并在不同的情境中一贯地表现出来，这可以为学前儿童将来形成良好的行为习惯打下基础。

学习完本任务，相信你一定可以更为深入地回答“情景导入”部分的问题。

有时，幼儿明明自己有能力完成一件事情，却仍然要模仿请求帮助；当幼儿发生争执时，若其中一位幼儿表示自己没有过错，另一名幼儿也会向教师表示他也没有过错。这是因为在模仿阶段幼儿的规范行为具有模糊性，他们分不清楚哪些行为可以模仿，哪些行为不需要模仿，甚至不应该模仿。

学习笔记

实践训练

学前儿童社会规范教育案例分享。

一、实训目标

通过案例，理解学前儿童社会规范教育的含义、意义和学前儿童接受社会规范的阶段及其特点。

二、实训过程

（1）查阅学前儿童社会规范教育方面的案例。

（2）小组讨论学前儿童社会规范教育有关案例。

（3）请一名成员代表小组在全班同学面前发言。

三、实训要求

（1）所选案例一定属于学前儿童社会规范教育的范畴。

（2）小组讨论围绕案例是否属于学前儿童社会规范教育范畴、这一案例对学前儿童的社会规范教育有何启示、在这一案例中学前儿童处于接受社会规范的哪个阶段等展开。

（3）交流分享时语言表述清晰。

岗课赛证测验

岗课赛证测验

学习任务完成情况评价表

评价标准	自我评价（达到打√，未达到画○）	小组评价（达到打√，未达到画○）	教师评价（达到打√，未达到画○）
能够说出学前儿童社会规范教育的含义			
能够理解学前儿童社会规范教育的意义			
能够结合案例分析学前儿童接受社会规范的阶段及其特点			

任务二 学前儿童社会规范教育的内容

情景导入

小朋友乐乐看到自己喜欢看的图书被玥玥拿走了，便威胁玥玥把书给他看。玥玥不肯，乐乐便打玥玥，还把她推倒在地。玥玥哭着向王老师求助，老师答应玥玥会批评乐乐。在团体分享时间里，王老师批评乐乐说："乐乐今天不乖，因为他刚才打人了，还抢别人的书，这是违反咱们班的规定的，大家要记住，幼儿园里是不许打人的。"

思考：此案例中，幼儿的行为违反了什么？王老师做出的反应是否恰当？为什么？

我的回答：

任务分析

学前儿童社会规范教育的内容是丰富多样的。教师需要结合学前儿童的生活，让学前儿童理解各种社会规范，并设计多样化的学前儿童社会规范教育内容，促进学前儿童社会性的发展。

知识准备

名人名言

教导儿童服从真理、服从集体，养成儿童自觉的纪律性，这是儿童道德教育最重要的部分。

——陈鹤琴

人类最重要的努力，是在我们的行为中追求道德。我们内心的安定，甚至我们的生存，都离不开道德。只有道德的行为，才能给生命以美和尊严。

——爱因斯坦

根据规范性质的不同，可以把学前儿童社会规范教育的内容分为道德规范教育、合群性规范教育、集体规范教育、安全健康规范教育和谨慎规范教育。

一、道德规范教育

道德规范往往与人们的福利、权利、公平、资源分配、信任等问题有关。个体的道德知识是通过个体行为所产生的后果建构起来的。道德规范是涉及是与非、对与错、爱与憎等道德问题的公共规则。学前儿童遵守道德规范的行为表现在：能使用礼貌用语；对教师、长辈行礼；能感受生活中的美好，区分好坏、美丑、善恶；知道他人和集体的东西不能随便占为己有；诚信待人；能改正自己的缺点和错误等。学前儿童的道德违规主要表现在：身体上的伤害（如推人、挤人、打人）、心理上的伤害（如取笑别人、骂别人或伤害别人的情感）、公平的破坏和权利的侵犯（如独占玩具、破坏财物、偷窃）等。

对点案例

亮亮，5岁半，大班幼儿，是一个单亲家庭长大的孩子，妈妈因为无法忍受爸爸性情暴躁而离婚。当爸爸听说亮亮打人时就发脾气，对亮亮说打就打，常常是“恨铁不成钢”。亮亮一方面承受着家庭暴力带来的心理压力，另一方面通过敌意性的攻击发泄内心的不满，他在幼儿园也是脾气急躁，经常因为和小朋友发生争执而动手打人。

知识链接

公民道德基本规范“二十字”方针

爱国守法
明礼诚信
团结友善
勤俭自强
敬业奉献

二、合群性规范教育

21世纪是人际互动的世纪，是否具有良好的社会交往能力和合作意识成为决定事业成败的关键因素之一。

学前儿童在家庭中往往处于中心地位，父母的宠爱使很多孩子养成了以自我为中心的意识，并且慢慢形成了任性、霸道的性格，这给孩子的人际交往造成了困难，导致了不会合作、缺少同伴等问题。如果这些问题没有及时得到解决，会对孩子的个性甚至终身的社会性发展带来不良影响。

合群性规范是以培养学前儿童的健康生活态度和能力为主要目标的规范，如轮流、协商、合作、分享、表达等。其中，交往规范是合群性规范的核心，如与他人友好和睦相处；懂得使用礼貌用语，见面打招呼；不抢同伴的玩具等。

合群性是人的基本属性，它的主要功能是让学前儿童学会交往，帮助学前儿童适应群体生活，顺利实现从“自然人”向“社会人”的转化。

对点案例

王宇和刘岩在一起合作搭一座恐龙乐园。苏可一人在旁边搭积木，不一会儿就搭成了一座房子。他看了看周围，突然捡起一块积木扔到恐龙乐园里，把王宇和刘岩好不容易搭好的乐园打翻了。王宇和刘岩很生气，指着苏可喊：“你赔！你赔！”苏可不但不道歉，反而哈哈大笑起来。老师连忙走过去：“可可，你为什么要这样做？”他一脸不在乎地说：“我就是喜欢！”可见，苏可小朋友还不能很好地遵守合群性规范。

三、集体规范教育

集体规范是指学前儿童为适应所在集体的生活应遵守的规范，具体可分为以下两类：

一是日常活动规范，如排队规则、耐心等待规则、轮流规则、集体服务规则等。

二是学习、娱乐、游戏活动规范，如在游戏活动时能认真听完教师和同伴的发言，不插嘴，回答问题或发言讲话要举手等；在游戏活动中，勇于发表意见，并认真听取他人意见等。

对点案例

小开，男，3岁。从9月入园开始，小开就非常喜欢上幼儿园，喜欢班级，喜欢小朋友。在平时的生活和学习中经常能见到小开活泼、调皮的身影。从家庭到幼儿园，小开完全没有陌生感。在幼儿园，他过的是一种集体生活，有许多纪律要遵守，但小开和部分小朋友一样毫无纪律意识，上厕所、喝水、拿积木、洗手都是一窝蜂乱挤，有时还觉得这样好玩，“嘿嘿”地直笑呢！他完全把幼儿园当成自己的家，好像还在家里一样，凡事以自我为中心，不考虑他人，自己想干什么就干什么，无视幼儿园的纪律和规则。所以，有些时候他和老师的交流不是存在语言障碍，而是小开不明白怎么幼儿园里有这么多的“可以”和“不可以”。其实这是小开迈出人生一小步所面临的问题之一：如何让自己从不懂规矩到懂规矩呢？小开尚在懵懵懂懂之中，也在逐步地适应和学习幼儿园里一些既定的规则。

知识链接

幼儿园日常行为规范儿歌

1. 入园

早入园，不迟到，见老师，问声好。小朋友，也问好，别父母，不忘掉。

2. 离园

离园时，互道别，先老师，后同学。见爸妈，问声好，抱一抱，更乖巧。

3. 盥洗（如厕）

如厕前，先敲门，有人在，要等待。如厕后，要冲水，整好衣，把手洗。

4. 盥洗（洗手）

洗小手，不拥挤，排好队，袖卷起。洗手时，擦香皂，洗完后，水关掉。

5. 盥洗（喝水）

小水杯，双手拿，接好水，慢慢回。喝水时，归原位，小心喝，不浪费。

6. 爱护公物（小椅子）

小椅子，双手搬，轻放好，再坐上。人离开，椅收起，爱护它，常擦洗。

7. 爱护公物（图书）

图画书，要爱护，轻轻翻，细细读。不弄脏，不损坏，书小弟，乐开怀。

8. 爱护公物（园内设施）

教室内，玩具多，互谦让，不争夺。院子里，设施多，爱公物，齐动员。

9. 睡眠礼仪（穿脱衣服）

睡觉前，先问安，按顺序，脱衣衫，叠整齐，放身边。起床后，依次穿，入睡房，要安静，衣放好，右卧眠。中途便，步要轻，若先醒，不出声。起床时，要互助，穿完衣，要梳洗。

10. 睡眠礼仪（睡觉）

不蒙头，不趴睡，枕放好，盖好被，小手空，右卧眠，早入睡，梦香甜。

四、安全健康规范教育

对学前儿童进行安全健康教育是保障其安全健康地生活和学习，以及安全健康地成长的基础，因此，应在学前儿童社会教育中全面重视安全健康教育。

安全健康规范主要是指一系列调节学前儿童安全与健康相关行为的准则，具体可分为以下两类：

一是公共卫生规则。如养成饭前便后及手脏时洗手的习惯；不咬指甲，不把玩具放入口中；进餐时知道爱惜粮食，逐步养成桌面干净、地面干净、身上干净、碗内干净的“四净”习惯；活动时知道爱护植物、动物及环境等。

二是公共交通规则。如外出活动时注意安全，学会走人行道、看红绿灯等。

对点案例

在我们班孩子午睡时发生了这么一件事：齐齐突然对我说：“老师，茜茜嘴巴里有东西。”我一听马上走过去，只见茜茜快速地把嘴里的东西吐在手里，小手紧紧握成拳头。我问她刚才嘴里的是什么，她看着我露出了很惊慌的神情，不说话。我让她把小手打开，起初她还不愿意，在我的再三要求下才终于打开了手。我一看，居然是一张芭比公主的橡胶贴纸。原来，她睡不着就玩起从家里带来的贴纸，甚至把它放到嘴巴里玩。我赶紧把它没收了，万一今天没发现，孩子把贴纸吃进肚子里了，万一玩的是珠子、小铁片等更危险的物品，想想不禁后怕。虽然这次“吃贴纸”事件虚惊一场，但是给我敲响了警钟——午睡时也不能忽视幼儿的人身安全。

五、谨慎规范教育

谨慎规范是指调节学前儿童与安全、伤害、舒适和健康相关的行为的规则。由于学前儿童年龄小，缺乏社会生活经验，因此这种类型的社会规范认知不可缺少。

谨慎规范通常规定了个体行为的内容，用于调节对自身可能造成伤害的行为，其

"正误"的判定依赖于是否会对个体本身，而不是对他人造成伤害，也不取决于个人喜好。如"危险的地方不能去、危险的事不能干""不给陌生人开门""不要触摸电插座、开燃气、玩打火机"等。

对点案例

某幼儿园下课后，小朋友们由老师带着上厕所。幼儿伟伟跑进厕所时，见鑫鑫正在小便，便一把将鑫鑫推开，结果鑫鑫没站稳，摔倒在厕所的墙角。老师赶忙把鑫鑫扶起，并对伟伟进行了批评。鑫鑫当时只感到右腿很痛，待其父母把他接回家后，他的腿部更疼了，并肿起一个大包。鑫鑫的父亲连夜将其送到医院检查，诊断结果为右腿骨折。

课程思政

新时代幼儿园教师职业行为十项准则

教师是人类灵魂的工程师，是人类文明的传承者。长期以来，广大教师贯彻党的教育方针，教书育人，呕心沥血，默默奉献，为国家发展和民族振兴做出了重大贡献。新时代对广大教师落实立德树人根本任务提出新的更高要求，为进一步增强教师的责任感、使命感、荣誉感，规范职业行为，明确师德底线，引导广大教师努力成为有理想信念、有道德情操、有扎实学识、有仁爱之心的好老师，着力培养德智体美劳全面发展的社会主义建设者和接班人，特制定以下准则。

一、坚定政治方向。坚持以习近平新时代中国特色社会主义思想为指导，拥护中国共产党的领导，贯彻党的教育方针；不得在保教活动中及其他场合有损害党中央权威和违背党的路线方针政策的言行。

二、自觉爱国守法。忠于祖国，忠于人民，恪守宪法原则，遵守法律法规，依法履行教师职责；不得损害国家利益、社会公共利益，或违背社会公序良俗。

三、传播优秀文化。带头践行社会主义核心价值观，弘扬真善美，传递正能量；不得通过保教活动、论坛、讲座、信息网络及其他渠道发表、转发错误观点，或编造散布虚假信息、不良信息。

四、潜心培幼育人。落实立德树人根本任务，爱岗敬业，细致耐心；不得在工作期间玩忽职守、消极怠工，或空岗、未经批准找人替班，不得利用职务之便兼职兼薪。

五、加强安全防范。增强安全意识，加强安全教育，保护幼儿安全，防范事故风险；不得在保教活动中遇突发事件、面临危险时，不顾幼儿安危，擅离职守，自行逃离。

六、关心爱护幼儿。呵护幼儿健康，保障快乐成长；不得体罚和变相体罚幼儿，不得歧视、侮辱幼儿，严禁猥亵、虐待、伤害幼儿。

七、遵循幼教规律。循序渐进，寓教于乐；不得采用学校教育方式提前教授小学内容，不得组织有碍幼儿身心健康的活动。

八、秉持公平诚信。坚持原则，处事公道，光明磊落，为人正直；不得在入园招生、绩效考核、岗位聘用、职称评聘、评优评奖等工作中徇私舞弊、弄虚作假。

九、坚守廉洁自律。严于律己，清廉从教；不得索要、收受幼儿家长财物或参加由家长付费的宴请、旅游、娱乐休闲等活动，不得推销幼儿读物、社会保险或利用家长资源谋取私利。

十、规范保教行为。尊重幼儿权益，抵制不良风气；不得组织幼儿参加以盈利为目的的表演、竞赛等活动，或泄露幼儿与家长的信息。

学习完本任务，相信你一定可以更为深入地回答“情景导入”部分的问题。

乐乐打人是不对的，不仅违反了班级的规定，而且违反了道德规范。王老师的做法也欠妥，小朋友在哪里打人都是不对的，不仅在幼儿园不能打人，在其他地方也不能打人。

学习笔记

实践训练

学前儿童社会规范教育案例分析。

一、实训目标

深入理解学前儿童社会规范教育的内容。

二、实训过程

（1）查阅学前儿童社会规范教育案例。

（2）分析查阅的案例属于学前儿童社会规范教育的哪一项内容以及原因。

（3）交流分享。

三、实训要求

（1）通过微信公众号和网站查阅学前儿童社会规范教育案例。

（2）交流分享时语言表述清晰。

岗课赛证测验

岗课赛证测验

学习任务完成情况评价表

评价标准	自我评价（达到打√，未达到画○）	小组评价（达到打√，未达到画○）	教师评价（达到打√，未达到画○）
能够说出学前儿童社会规范教育的内容			
能够结合案例，分析学前儿童社会规范教育的内容			
能够结合案例，引导学前儿童遵守社会规范			

任务三　学前儿童社会规范教育的策略

情景导入

绘画活动中需要用到纸张和彩笔，纸张由幼儿园提供，彩笔由每一个幼儿自带一套。活动时，四个幼儿围坐在一张桌子旁，如果每个幼儿都用自己的一套彩笔，会将彩笔摆满桌子，幼儿会认错彩笔并产生矛盾，而且彩笔拿出来后幼儿不会收拾。这就给教学活动带来很大的麻烦。所以，老师就规定每三组幼儿用一套彩笔（12 色），也就是每人一支彩笔。

思考：老师的做法是否正确呢？为什么？

我的回答：

任务分析

学前儿童社会规范教育的实施需要牢固树立“幼儿第一”的理念，帮助学前儿童尽快适应集体生活和社会生活。教师应理解社会规范教育是服务于学前儿童发展的，并注重社会规范教育的内在一致性。

知识准备

名人名言

不以规矩，不能成方员。

——孟子

什么是教育？简单一句话，就是要养成良好的习惯。

——陶行知

学前儿童社会规范教育是学前儿童社会教育的重要组成部分，其最终目的之一就是增强学前儿童的社会适应性。

一、牢固树立“幼儿第一”的理念

《幼儿园教师专业标准（试行）》指出，幼儿教师应“尊重幼儿权益，以幼儿为主体，充分调动和发挥幼儿的主动性；遵循幼儿身心发展特点和保教活动规律，提供适合的教育，保障幼儿快乐健康成长”。所以，幼儿教师要牢固树立“幼儿第一”的理念，理解社会规范教育是服务于幼儿发展的，而不是用来限制幼儿行为的，万万不可本末倒置。

以幼儿园班级规则制定为例，幼儿教师在规则制定之初，就应树立“幼儿第一”的理念，认识到幼儿才是学习的主体，尊重幼儿的主体地位，让幼儿在班级当中能够自己做主，把管理的主动权交给幼儿，而不是将出发点放在班级管理上。要帮助幼儿认识到自我管理的重要性，使其愿意自主地配合教师的班级管理工作，从而促进幼儿园班级管理工作的高效开展。

对点案例

为更好地提升幼儿的自我服务与自我管理能力，建立良好的班级常规，某幼儿园以幼儿发展为本，尊重幼儿的需要与个性，重视幼儿班级管理主体的地位，设立了幼儿“监督员”。“监督员”人选的确定、监督方式与标准、监督内容是幼儿在教师引导下共同商定的。在幼儿"监督员"活动的实施过程中，幼儿从他律逐步转向自律，从小小"监督员"的外部监督逐步转向内部的自我管理。

二、注重规范教育的内在一致性

一是社会规范教育从规则制定到规则实施，再到规则评价，需要保持内在一致性。幼儿教师从规则的制定开始，就要本着一致的理念去制定目标、实施规则，以及评价规则。幼儿教师制定的规则必须是目标明确的，而且规则的实施必须是围绕着目标进行的，最后，评价重心要放到是否达到预期目标上。只有这样，学前儿童才能将规则内化为自己的社会行为规范。

二是社会规范教育需要家园保持内在一致性。从学前儿童的生活场域看，幼儿园和家庭是其主要活动场所，幼儿园一定要关注家庭教育，将社会规范教育的内容等与学前儿童家长进行分享，以确保社会规范教育的家园一致性。

对点案例

某幼儿园教师开展了小班社会活动"把玩具送回家"，为了确保社会规范教育的家园一致性，教师告诉幼儿，在今后的生活中要养成物品归位的良好习惯，并提醒家人用完物品之后也要把它们送回自己的家。

三、引导学前儿童参与规范的制定和修改

（一）引导学前儿童参与规范的制定

根据瑞士儿童心理学家皮亚杰的认知发展理论，规则执行和遵守的第一阶段是单纯的个人运动规则阶段，也就是说，学前儿童此时都是按自己的意愿去行事的。让学前儿童参与规范的制定是一个学前儿童亲身体验的过程，对这样制定出来的规范，学前儿童是有责任感的，而不是只是被动服从。学前儿童正处于自我中心的阶段，如果学前儿童参与规范的制定，当他们不遵守时，幼儿教师告诉学前儿童"这是你自己制定的规范啊"会比"这是规定，你要遵守！"的效果要好得多。同时，幼儿教师的任务不再是费尽心思考虑规范应该怎么制定，而是引导学前儿童亲自制定清楚有效的规范。例如，教师一开始在制定班级规定的时候，可以听从学前儿童的意见，让学前儿童也参与到班规的制定过程当中。如果在商讨的过程中学前儿童出现了不满的情绪，教师要积极地询问学前儿童，让他们感受到自己是班级管理的主体。

（二）引导学前儿童参与规范的修改

学前儿童正处于一个身心发展的高峰期，变化迅速，一些规范很有可能只在一段时间内是适用的，这就要求规范不断地被改进以适应学前儿童身心的变化，从而做到

规范服务于学前儿童的发展。

规范的可修改性、弹性为学前儿童提供了自由表达的契机。规范不是外在的和强迫性的，是可以被修改以适应集体和个人需要的。规范是学前儿童与教师、学前儿童与学前儿童之间协作的结果。当新的问题出现时，主体间可以进行新的协作，以修改原有的规范。

对点案例

班里新开了一个活动区，里面放了一些以前没有的玩具，孩子们都被吸引了过来，活动区一下子挤进十几个人。不一会儿，争吵声、告状声就传了过来。

"老师，你看看吧！里面人太多了！都没法玩了！"

"那怎么办呢？"老师问。

"不能一下子进来那么多人！这里面最多只能进五个人！"

"先来的先玩，后来的得有人出去了才能进来！"

"我们做几个挂牌放在活动区门口，谁先来就拿一个挂在脖子上，没有牌子的就不能进来了！"

孩子们体验到了没有规则的不方便，理解了制定规则的必要性，于是在老师的启发下自己商议制定了规则并自觉地遵守。

学习完本任务，相信你一定可以更为深入地回答"情景导入"部分的问题。

每三组幼儿用一套彩笔的活动规则，制定的出发点是防止幼儿间产生矛盾，给教学带来麻烦。但这就导致每个幼儿只能选择一种颜色的彩笔，幼儿并不一定能拿到自己喜欢或者自己需要的颜色。幼儿对色彩是很敏感的，色彩对幼儿表达想象力有很大的作用，而幼儿美术活动更为重要的意义就是发挥幼儿的想象，这样看来，为了减少教学过程中的麻烦而对幼儿行为进行限制，牺牲了活动的意义，无疑是舍本求末。

学习笔记

实践训练

正确运用学前儿童社会规范教育策略。

一、实训目标

理解并且学会正确运用学前儿童社会规范教育策略。

二、实训过程

（1）分述学前儿童社会规范教育策略。

（2）通过案例分享如何正确运用学前儿童社会规范教育策略。

（3）教师点评，同学互评。

三、实训要求

（1）分述要条理清晰。

（2）交流分享时语言表述清晰。

岗课赛证测验

岗课赛证测验

学习任务完成情况评价表

评价标准	自我评价（达到打√，未达到画○）	小组评价（达到打√，未达到画○）	教师评价（达到打√，未达到画○）
能够说出学前儿童社会规范教育的策略			
能够运用学前儿童社会规范教育的策略			
能够结合材料，分析学前儿童社会规范教育的策略			

任务四　学前儿童社会规范教育活动的设计与实施

情景导入

游戏是小朋友们非常喜爱的活动。针对不同年龄段的幼儿，老师组织开展了丰富多彩的游戏活动，如“龟兔赛跑”“搭搭乐”“小舞台”等。小朋友们玩得热火朝天，但玩得太兴奋了，时常会出现不遵守游戏规则的情况，不仅影响了活动的有序开展，也造成了安全隐患。

思考：针对这一现象，教师可以设计哪些学前儿童社会规范教育活动呢?

我的回答：

任务分析

针对学前儿童出现的各种违反社会规范的现象，教师可以设计丰富多样的学前儿童社会规范教育活动，以更好地培养学前儿童的社会规范行为。

知识准备

名人名言

“才者，德之资也；德者，才之帅也。”人才培养一定是育人和育才相统一的过程，而育人是本。人无德不立，育人的根本在于立德。

——习近平

教育者的关注和爱护在学生的心灵上会留下不可磨灭的印象。

——苏霍姆林斯基

不同年龄班的学前儿童在社会规范的发展方面有不同的特点，教师应该根据小班（3 ～ 4 岁）、中班（4 ～ 5 岁）、大班（5 ～ 6 岁）这三个年龄阶段学前儿童的发展特点，有针对性地分别进行社会规范教育活动的设计与实施。

一、小班幼儿社会规范教育活动的设计与实施

根据小班幼儿（3 ～ 4 岁）在道德规范、合群性规范、集体规范、安全健康规范和谨慎规范方面的发展特点，教师可以有针对性地设计以下有关小班幼儿社会规范教育内容的活动方案：

（1）甜甜的招呼（道德规范）。

（2）你先来吧（合群性规范）。

（3）做个轻声的宝宝（集体规范）。

（4）多吃蔬菜不挑食（安全健康规范）。

（5）我们不玩火（谨慎规范）。

对点案例

小班社会活动：甜甜的招呼

活动目标

（1）大胆参加活动，愿意与人打招呼，体验交往带来的快乐。

（2）敢于运用表情、语言、动作等多种方式打招呼。

（3）在生活中愿意主动和老师、同伴打招呼。

活动准备

（1）经验准备：有关打招呼的粗浅经验。

（2）材料准备：PPT课件（以视频或照片的形式收集幼儿在园生活中经常遇到的打招呼场景）；音乐《你好》；“礼仪小天使”绶带等。

活动过程

（一）律动开场，营造温馨的氛围，激发幼儿参与活动的兴趣

（1）播放音乐《你好》，带领幼儿跟随音乐进行简单的律动。

（2）鼓励幼儿和现场的摄影叔叔打招呼。

师：今天我们班上来了位摄影叔叔，我们一起和叔叔打个招呼吧！

幼：……

师：听到小朋友甜甜的招呼，摄影叔叔，你的心情怎么样呀？

摄影师：……

师：那小朋友你们呢？

幼：……

小结：原来我们这么有礼貌地和叔叔打招呼，是一件让人很开心、快乐的事情。小朋友在幼儿园里需要和很多人打招呼，我们来看看都有谁呢？

（二）欣赏视频，感受打招呼在生活中的运用

1. 欣赏幼儿和保安叔叔打招呼的视频

师：你看到小朋友在和谁打招呼呀？他们是怎么打招呼的？每天来幼儿园我们最先看到的就是保安叔叔，心里觉得特别安全、开心，你想和保安叔叔说些什么呢？

幼：……

小结：原来打招呼就是我看着你，你也看着我；我对你笑，你也对我笑；我和你挥挥手，你也和我挥挥手；我用响亮的声音和你说“早上好”，你也和我说“早上好”。

2. 分段欣赏幼儿和礼仪小天使、老师、同伴打招呼的视频

师：你看到了谁？他们在做什么？他们是怎么打招呼的呢？

幼：……

引导幼儿和旁边的同伴互相打招呼。

观察幼儿互动情况，师幼共同梳理打招呼的经验。

师：除了这些，你还用过哪些方式和别人打招呼呢？

幼儿自由发言。

小结：我们可以拉拉手打招呼，抱一抱打招呼，挥挥手打招呼，还可以弯弯腰、点点头打招呼……打招呼真是一件让人开心的事呀！

（三）创设情境，大胆运用多种方式主动和遇到的人打招呼

1. 引导幼儿在教室里和同伴自由打招呼，教师观察指导

师：让我们轻轻地站起来，找到一个朋友，去和他打招呼吧！

引导幼儿和不同的小朋友打招呼。

鼓励幼儿大胆地运用多种方式打招呼。

2. 初步了解多种打招呼的方式，如敬礼、合十礼、贴面礼等

师：刚刚你们用了不一样的方法打招呼，小朋友们都觉得很开心、很有趣，其实打招呼的方法还有很多呢！你知道解放军叔叔站岗时是怎么打招呼的吗？

师：这位阿姨来自印度，你知道印度人见面是怎么打招呼的吗？

师：这两位是来自西班牙的姐姐，她们遇到好朋友是怎么打招呼的呢？

3. 带领幼儿走出教室主动和遇到的人打招呼

师：打招呼真是一件既开心又有趣的事情，小朋友们不光在教室里要打招呼，走出去也要打招呼。我们一起出去和外面的老师、小朋友、叔叔、阿姨打招呼吧！

带幼儿走出教室，鼓励幼儿克服胆怯，主动和遇到的人打招呼。

师：孩子们，这是 ××，用你喜欢的方式和他打招呼吧！

引导幼儿运用表情、语言、动作等多种方式与人打招呼。

小结：刚刚我们遇到了这么多人，你们都很大方地和他们打招呼了，你们和哥哥姐姐一样都是我们幼儿园里的“礼仪小天使”，每天都要记得把你甜甜的招呼送给遇到的人哦！

活动延伸

（1）为幼儿创设温馨的礼仪交往环境。创设“今天你想怎么打招呼”问候墙，鼓励幼儿每天来园时用自己喜欢的方式向他人问好；制作记录表，引导幼儿用盖章的方式来记录自己今天都用了什么方式打招呼，感受打招呼方式的丰富与有趣。

（2）继续在一日活动中培养幼儿的礼仪行为。抓住平时的教育机会，在一日生活及听儿歌、讲故事、做游戏等活动中渗透礼貌用语。

（3）注重家园合作。鼓励家长在幼儿面前树立良好的榜样，并用正确的方法引导幼儿和遇到的人打招呼。

资料来源：林妙芳，许冰灵．小班社会活动：甜甜的招呼［J］．福建教育，2020（16）：24-26.

二、中班幼儿社会规范教育活动的设计与实施

根据中班幼儿（4～5岁）在道德规范、合群性规范、集体规范、安全健康规范和谨慎规范方面的发展特点，教师可以有针对性地设计以下有关中班幼儿社会规范教育内容的活动方案：

（1）不随便拿别人东西（道德规范）。

（2）好朋友要谦让（合群性规范）。

（3）幼儿园里的规则（集体规范）。

（4）会说话的安全标志（安全健康规范）。

（5）我们不玩火（谨慎规范）。

对点案例

中班社会活动：幼儿园里的规则

活动目标

（1）知道遵守规则的重要性，树立规则意识。

（2）尝试制定规则并设计规则标记，大胆表述自己的感受和想法。

（3）愿意遵守规则，体验并感受遵守规则的有趣、快乐。

活动准备

（1）幼儿走楼梯视频（片段一：走楼梯时快跑；互相推、挤；不好好看前面，回头讲话；下楼梯左右两边走等。片段二：按片段一中的方式走楼梯产生的后果，如影响其他人走楼梯、自己摔倒、撞了别人等。片段三：正确走楼梯，不推、不挤向前看，上下楼梯靠右边，一个跟着一个走等）。

（2）幼儿园不同场景的图片，背景音乐《雨的印记》(钢琴曲）。

（3）记录板、设计纸、记号笔等幼儿操作材料若干。

活动过程

（一）了解规则的重要性

1. 看视频片段一

师：新的一天开始啦，小朋友们高高兴兴地上幼儿园了。仔细看，这些小朋友在幼儿园的什么地方？他们在做什么？你发现了什么问题？（推推挤挤；不好好看前面，回头讲话；没有靠右走……）

2. 看视频片段二

师：这些小朋友这样走楼梯，会发生什么情况呢？（幼儿充分表述）

师：我们来看一段视频，看看这样走楼梯到底会带来什么后果。

师：你觉得我们应该怎样走楼梯呢？

3. 看视频片段三

师：这些小朋友是怎么走楼梯的？（靠右走，一个跟着一个走，不推也不挤……）

小结：原来走楼梯时要不推不挤向前看，上下楼梯靠右边，一个跟着一个走。这就是走楼梯的规则。

（二）尝试制定规则

1. 逐一出示午睡房、盥洗室、餐桌、玩具区图片

师：这是幼儿园的什么地方？这些地方要遵守规则吗？

2. 讨论交流

师：在这些地方要遵守什么规则呢？为什么？

幼儿分成四组讨论，鼓励幼儿自由表达并制定规则。

（1）午睡房。（闭上嘴巴不说话，香香甜甜睡一觉）

（2）盥洗室。（排好队呀洗洗手，洗好关上水龙头）

（3）餐桌。（不掉饭粒不掉菜，一口一口慢慢吃）

（4）玩具区。（排好队，不争不抢真快乐）

教师巡回观察指导。

小结：原来幼儿园的每个地方都是有规则的。遵守了大家制定的规则，能让我们的生活变得更快乐！

（三）设计规则标记

（1）激发兴趣。

师：小朋友们真能干！为午睡房、盥洗室、餐桌、玩具区制定了有用的规则。幼儿园里还有哪些地方要遵守规则呢？需要遵守哪些规则？你们愿意为这些地方的规则设计标记吗？

（2）讨论采用什么形式设计。（根据讨论结果，采用简笔画的形式）

（3）幼儿根据场景的不同分成小组设计规则标记。

（4）选出每个场景的标记。

师：请每个组把你们设计的标记展示到前面的展板上，我们来选出每个场景的标记。

小结：在幼儿园不同的地方要遵守不同的规则，我们在幼儿园的生活才会变得更有秩序、更美好。

活动延伸

教师和幼儿一起将标记张贴到幼儿园不同的场景中。

资料来源：潘海燕. 中班社会活动：幼儿园里的规则［J］. 早期教育，2016（Z1）：76.

三、大班幼儿社会规范教育活动的设计与实施

根据大班幼儿（5～6岁）在道德规范、合群性规范、集体规范、安全健康规范和谨慎规范方面的发展特点，教师可以有针对性地设计以下有关大班幼儿社会规范教育内容的活动方案：

（1）文明地铁小乘客（道德规范）。

（2）甜蜜的宽容（合群性规范）。

（3）我们不拥挤（集体规范）。

（4）安全出行“计”（安全健康规范）。

（5）放学路上（谨慎规范）。

对点案例

大班社会活动：安全出行“计”

活动目标

（1）了解安全出行的常识。

（2）能辨别常见的交通违规行为。

（3）遵守基本的交通规则，萌发自我保护意识。

活动准备

（1）《我的出行方式》个人记录表，活动前发给幼儿用图画或者符号记录；《我们的出行方式》班级统计表；《安全出行小妙招》小组记录表；记号笔若干。

（2）视频《大豆的一天》；各种出行方式图片。

活动过程

（一）自由交流，分享“我的出行方式”

（1）师：今天上幼儿园你们用的什么出行方式呀？

个别幼儿交流，教师出示相应的出行方式图片。

（2）师：平常还可以用哪些出行方式上幼儿园呢？

（3）幼儿展示记录表，说说自己的出行方式。

师：原来，我们来园、回家有这么多的出行方式，谁来说说你平时用的哪一种？

（4）师：每种出行方式有几个人选择呢？（师幼一起统计，填入下表）

我们的出行方式

出行方式（以图片呈现）	人数
小汽车	
电动自行车	
自行车	
公交车	
步行	

（二）自由建组，讨论“安全出行小妙招”

（1）师：小朋友们上幼儿园有这么多的出行方式，我们在采用这些方式出行时要注意哪些安全常识呢？请你们和好朋友一起讨论、记录。

（2）师：谁选择小汽车（公交车、电动自行车、自行车、步行）组？那乘坐小汽车（公交车、电动自行车、自行车、步行）要注意什么呢？

安全出行小妙招（小汽车组记录表）

交通工具	选择人数	讨论组幼儿	安全出行小妙招
小汽车			

（3）幼儿自由建组讨论，教师巡回指导，鼓励幼儿将小组讨论结果记录下来。

（三）小组展示，完善"安全出行小妙招"

（1）师：现在请各组结合记录表讲讲你们的"安全出行小妙招"，如果其他小组还有不同的小妙招，可以补充。如果补充正确，老师额外奖励"安全果"贴花。

（2）小组分组展示，其他组进行评价或补充。

例如，乘小汽车出行小妙招：小朋友要坐在驾驶员后面的安全座椅上，系好安全带；在车上如果要开启车门车窗，要提前告诉驾驶员；行驶中不在车上打闹，不将头、手伸出窗外，不往车外扔垃圾……

（四）制作大绘本《安全出行我知道》，师幼看图讲述

（1）师：我们把 5 个小组的讨论记录放在一起做成大绘本《安全出行我知道》，大家一起来看看吧。

（2）师幼看图讲述，并仿编成朗朗上口的儿歌。

例如：交通工具作用大，大家出行全靠它，安全出行都守法，老老少少笑哈哈。

行路应走人行道，没有行道往右靠。斑马线条真清楚，横过马路少不了。

骑车更要守规则，不能心急闯红灯。转弯拐角要减速，注意四周别说笑。

（五）观看视频《大豆的一天》，复习巩固安全出行常识

师幼观看视频，请幼儿找一找大豆小朋友交通行为的对与错，每组找对一处得一枚"安全果"贴花。

（六）给"文明交通小卫士"颁奖，开展情境演练"安安全全去上学"

（1）根据每组得到的"安全果"数量，评选出"文明交通小卫士"。

（2）幼儿自愿组合、自选角色、自选出行方式，开展文明出行情境演练。

场景：将幼儿园操场或多功能活动室作为演练场地，用大型积木分成双向通道。场地中间摆放椅子作为交警岗亭、马路十字路口，地面贴上简易斑马线。场地两侧各摆放 2 排椅子（每排 3 张），作为公交站台。

文明交通小卫士：2～3 名幼儿戴上交警帽扮演交警，手执红灯、绿灯、黄灯，分别站在交警岗亭、十字路口执勤。

小汽车组：2～3名幼儿手握贴有小汽车图片的方向盘（塑料圈）当司机，6～8名幼儿为乘客，佩戴礼仪绶带充当安全带。司机根据小交警出示的信号灯或做出的手势行驶。

电动自行车（自行车）组：多名幼儿手持电动自行车（自行车）图片，戴头盔（幼儿建构区游戏中的头盔），靠车道右侧碎步小跑，经过十字路口或左右转弯时，根据小交警出示的信号灯或做出的手势行驶

…………

（3）教师巡回指导，配班教师协助拍照、摄影和观察记录。

活动延伸

（1）将绘本《安全出行我知道》投放到阅读区，让幼儿在自主阅读中丰富对交通工具演变历程的认识，感受交通工具与人们生活的关系；阅读《会说话的交通标志》，进一步丰富安全交通知识，并尝试设计园内出行提醒标志，为保障幼儿在园安全提供帮助。

（2）开展“小手牵大手”活动，对幼儿和家长同时进行交通安全教育，营造全社会共同重视交通安全的良好氛围。

（3）利用“家长助教日”活动，请交警家长给幼儿讲解交通安全常识。

资料来源：左芝梅，陈亚梅．大班社会活动：安全出行“计”[J]．早期教育，2022（22）：42-43.

学习完本任务，相信你一定可以更为深入地回答“情景导入”部分的问题。

针对部分幼儿不遵守游戏规则的现象，教师可以设计和实施有关集体规范和合群性规范方面的活动，如小班社会活动“你先来吧”等。

学习笔记

实践训练

模拟教学：学前儿童社会规范教育。

一、实训目标

根据所学知识，选择本任务中某一个对点案例的教案，开展学前儿童社会规范教育的集体教学。

二、实训过程

（1）回顾学前儿童社会规范教育活动的设计与实施的相关内容。

（2）选择对点案例。

（3）开展模拟教学。

（4）交流分享，写出活动反思。

三、实训要求

（1）活动目标明确；活动准备充分；活动过程完整，并注重师幼互动；能够呈现活动延伸的内容。

（2）教态适宜，语言规范，条理清楚，逻辑性强，表达流畅。

岗课赛证测验

岗课赛证测验

学习任务完成情况评价表

评价标准	自我评价（达到打√，未达到画○）	小组评价（达到打√，未达到画○）	教师评价（达到打√，未达到画○）
能够设计不同年龄段学前儿童的社会规范教育活动			
能够实施不同年龄段学前儿童的社会规范教育活动			
能够点评学前儿童社会规范教育活动的设计与实施			

项目小结

本项目主要包括四个任务：学前儿童社会规范教育概述；学前儿童社会规范教育的内容；学前儿童社会规范教育的策略；学前儿童社会规范教育活动的设计与实施。

学前儿童社会规范教育是一种在活动与交往中引导学前儿童掌握适宜的道德规范、合群性规范、集体规范、安全健康规范和谨慎规范，并使其初步内化为学前儿童行为的建构过程与活动。

对于学前儿童来说，了解和掌握社会规范，有助于其树立正确的是非观，有助于社会化的顺利完成，有助于健全人格的构建等。

学前儿童接受社会规范的过程可分为两个阶段，一个阶段是服从阶段，其特点是盲目、被动性，工具性，情境性；另一个阶段是模仿阶段，其特点是主动性、模糊性、次稳定性。

根据规范性质的不同，可以把学前儿童社会规范教育的内容分为道德规范教育、合群性规范教育、集体规范教育、安全健康规范教育和谨慎规范教育。道德规范是涉及是与非、对与错、爱与憎等道德问题的公共规则。合群性规范是以培养学前儿童的健康生活态度和能力为主要目标的规范，如轮流、协商、合作、分享、表达等。集体规范是指学前儿童为适应所在集体的生活应遵守的规范。安全健康规范主要是指一系列调节学前儿童安全与健康相关行为的准则。谨慎规范是指调节学前儿童与安全、伤害、舒适和健康相关的行为的规则。

学前儿童社会规范教育的策略包括牢固树立“幼儿第一”的理念，注重规范教育的内在一致性，引导学前儿童参与规范的制定和修改等。

不同年龄班的学前儿童在社会规范的发展方面有不同的特点，教师应该根据小班（3～4岁）、中班（4～5岁）、大班（5～6岁）这三个年龄阶段学前儿童的发展特点，有针对性地分别进行社会规范教育活动的设计与实施。

项目七

学前儿童多元文化教育

当今世界是一个文化多元的世界，人们每天都面临着各种文化的冲击。在此背景下，顺应时代发展的趋势，合理应对多元文化的冲击，是人们社会适应能力发展的重要体现。2022 年 10 月 16 日，习近平总书记在中国共产党第二十次全国代表大会上的报告第八部分“推进文化自信自强，铸就社会主义文化新辉煌”中指出，要“以社会主义核心价值观为引领，发展社会主义先进文化，弘扬革命文化，传承中华优秀传统文化，满足人民日益增长的精神文化需求”“不断提升国家文化软实力和中华文化影响力”“深化文明交流互鉴，推动中华文化更好走向世界”。因此，将多元文化的理念融入幼儿园社会教育中，培养学前儿童的多元文化意识，促进学前儿童社会性发展，具有重要的时代价值。

学习目标

1. 了解学前儿童多元文化教育的含义和意义；
2. 掌握学前儿童多元文化教育的途径；
3. 能够设计与实施学前儿童多元文化教育活动；
4. 坚定文化自信，对学前儿童进行良好的多元文化教育。

项目七导学

学习内容

项目七　学前儿童多元文化教育

- 任务一　学前儿童多元文化教育概述
- 任务二　学前儿童多元文化教育的途径
- 任务三　学前儿童多元文化教育活动的设计与实施

任务一 学前儿童多元文化教育概述

情景导入

某幼儿园大班开展了“民族服饰真漂亮”活动，幼儿教师组织幼儿观看了民族服饰图片，引导幼儿重点观察了藏族、蒙古族和维吾尔族的服饰，并鼓励幼儿大胆设计富有特色的民族服饰。

思考：幼儿园为什么会开展这样的活动？这类活动对幼儿的社会性发展有什么意义？

我的回答：

任务分析

多元文化启蒙教育是一种学前儿童教育理念，其基本主张是通过民族文化教育使学前儿童增强对民族文化的自豪感；通过他国文化教育引导学前儿童学会尊重、欣赏与理解他国文化。学前儿童多元文化教育可以促进学前儿童社会性的发展，使其更好地成为世界公民。

知识准备

名人名言

越是民族的，就越是世界的。

——贝聿铭

各美其美，美人之美，美美与共，天下大同。

——费孝通

文化是一整套共有的信仰、价值观和行为准则，它是使个人行为为集体所接受的共同标准。文化既具有共性，也具有差异性。幼儿教师应树立多元文化教育观，开展丰富多样的学前儿童多元文化教育活动。

一、学前儿童多元文化教育的含义

多元文化是关于文化形态及处理不同形态文化之间相互关系的一种理念，即指文化具有多种多样的形态，不同形态的文化具有不同的价值，各种文化彼此之间是相互联系的，应该和谐相处、共同发展。具体来说，从民族、地域、种族、阶层、性别等维度而言，不同的人有着不同的文化，这些文化彼此相互联系，它们应该和谐相处、共同发展。

《儿童权利公约》第二十九条指出，教育儿童的目的应包括："培养对儿童的父母、儿童自身的文化认同、语言和价值观，儿童所居住国家的民族价值观、其原籍国以及不同于其本国的文明的尊重；培养儿童本着各国人民、族裔、民族和宗教群体以及原土著居民的人之间谅解、和平、宽容、男女平等和友好的精神，在自由社会里过有责任感的生活。"国际教育大会在第 78 号建议书《教育对文化发展的贡献》中指出，对儿童进行多元文化教育的目的应是"从理解自己人民的文化发展到欣赏邻国人民的文化，并最终鉴赏世界性文化"。联合国教科文组织提出，"通过跨文化教育培养全球性公民"。可以说，多元文化教育观包含两个方面的含义，一是指教育中的文化要素是多种多样的，而不是单一的或者不应该是单一的。教育本身就是一种文化，无论是教师、学生还是教育内容、教育活动，都是一种文化形式。二是指教育要促进多元文化的发展。对文化的保存、传承、更新是教育的一种重要的社会功能。根据多元文化理念，教育所要保存、传承与更新的文化应该不是某一种文化，而是社会领域中存在的多种多样的文化。

基于以上观点，我们认为，学前儿童多元文化教育致力于帮助学前儿童认识和了解本民族文化的根基和内涵，引导学前儿童学会尊重其他文化的多样性，认同其他文化的差异性，并从中发现文化的共同性和相互依存性。学前儿童多元文化教育的实质是培养学前儿童的跨文化适应能力。

幼儿园在实施多元文化教育时不应人为地对不同文化分出优劣与高低，也不应盲目吸收其他民族文化、崇洋媚外，更不应选取部分内容代表多元文化的全部内涵，而应帮助学前儿童立足于本民族的文化特色，了解和认识本民族文化的内涵，尊重文化的多样性与差异性，使其形成对本民族文化的认同感和归属感，形成对外来文化客观、包容的态度。

对点案例

某幼儿园邀请高校外语系刘老师开展国际理解教育实践活动。刘老师为孩子们介绍了日本国家名字的由来，以及日本的主要食品，并请同学们品尝了她从日本带回来的食品和当堂亲手制作的寿司。孩子们在活动中了解了日本的民族风俗和饮食习惯等。刘老师还以自己在日本教学的亲身经历告诉大家，外国小朋友也像同学们一样在热心了解和学习中国文化。孩子们非常喜欢这堂不一样的活动课。

这节文化教育课，将会给孩子们打开一扇天窗，让孩子们站得更高，看得更远、更清晰。

二、学前儿童多元文化教育的意义

学前时期是幼儿社会性和人格形成的重要时期，也是幼儿认知、语言和智力发展最为迅速和最重要的时期。研究表明，儿童 6 岁前形成的行为习惯和情感态度具有持续性的影响，决定着儿童日后社会性和人格发展的方向和水平，并且这一时期儿童形成的社会性和人格品质有助于儿童积极顺利地适应社会环境。

《幼儿园教育指导纲要（试行）》指出："适当向幼儿介绍我国各民族和世界其他国家、民族的文化，使其感知人类文化的多样性和差异性，培养理解、尊重、平等的态度。"可见，在幼儿园开展多元文化教育是当前学前儿童社会教育的必然要求。

学前儿童多元文化教育可以为学前儿童树立全球化观念打下基础，使他们在多元的社会环境中成长为具有责任感的公民，从而赢得他人的理解和尊敬。此外，将多元文化融入学前儿童社会教育还有利于拓宽学前儿童的文化视野，增强学前儿童的爱国主义情感，提高学前儿童的社会适应能力。

课程思政

青年应做文化自信的践行者

文化积淀着一个国家最深层的情感和精神追求。随着党和国家对青年文化自信教育重视程度的不断提高，青年逐渐成为弘扬优秀文化、坚定文化自信的主体。

文化自信是一种心理状态。在肯定民族和国家文化的基础上产生自信心和荣誉感，是青年文化自信的表现。《新时代的中国青年》白皮书中指出，青年是整个社会力量中最积极、最有生气的力量。文化自信则是进一步激励青年奋勇前进、开拓创新的基础。从历史上看，中国青年一直表现出坚忍不拔、坚定文化自信的品格。五四运动中，青年学生率先走上街头，反对外国列强对中国的剥削和侵略。1921 年，平均年龄仅为 28 岁的 13 位代表召开了中国共产党第一次全国代表大会。

青年文化自信不仅是国家综合国力的重要影响因素，也是青年长远发展的动力源泉。青年自觉成为文化自信的践行者，需要做好以下三个方面：

第一，青年要加强文化知识的学习，坚定理想信念，增强明辨是非的能力。文化自信关系着青年世界观、人生观和价值观的塑造与培养。青年群体思维活跃，易于接受新事物，但是价值观尚未完全成形，容易受到外部环境的影响。区分文化中的精华和糟粕，需要做好前期知识的积累，树立正确的价值观念。

第二，找到兴趣爱好和文化传承的结合点，激发学习动力。中华文化博大精深，文化种类更是丰富多样，这为青年传承传播文化提供了宝贵的资源。青年在选择的过程中，要基于正确的价值观，找到与自身专业知识、兴趣爱好相契合的文化形式。例如，福建福州一群“00 后”青年传承传统民俗“八家将”舞蹈，其中一位“00 后”学习者说道：“虽然学习过程很辛苦，但因为喜欢，就想把它一直传承下去。”

第三，青年要善用信息技术创新文化传播方式，搭建大舞台，传播中华文化魅力。青年借助信息技术创新文化传播方式，不仅仅要创新传播媒介的应用，还需要建立质量把关意识，传播正能量、展示新风尚，切忌传播浅显、低俗的内容。

青年只有树立了坚定的文化自信，才能自觉抵制不良社会思潮的侵袭，正确把握个人发展与国家发展的关系，将个人理想追求融入党和国家的事业中。如此，国家才有希望，民族才有未来。

资料来源：王亮．青年应做文化自信的践行者［J］．中国教育报，2022-09-06（2）．

学习完本任务，相信你一定可以更为深入地回答“情景导入”部分的问题。

对学前儿童进行多元文化教育是学前儿童社会教育顺应时代发展趋势的必然要求。该幼儿园大班进行的正是多元文化教育活动，教师设计该活动，旨在引导幼儿知道每个民族都有自己代表性的服饰，懂得尊重各民族的文化习俗。学前儿童多元文化教育活动有助于加深学前儿童对多元文化的认知，有助于提高学前儿童的社会适应能力，有助于增强学前儿童的爱国主义情感，有助于培养学前儿童的亲社会行为。

学习笔记

实践训练

收集幼儿园开展的多元文化教育活动案例，并分析其对学前儿童社会性发展的意义。

一、实训目标

能够分析并理解学前儿童多元文化教育的意义。

二、实训过程

（1）通过网站、微信公众号等收集学前儿童多元文化教育活动案例。

（2）结合所学内容，分析这些多元文化教育活动对学前儿童社会性发展的意义。

（3）交流分享。

三、实训要求

（1）按照学前儿童多元文化教育的含义收集案例。

（2）交流分享时语言流畅，思路清晰。

岗课赛证测验

岗课赛证测验

学习任务完成情况评价表

评价标准	自我评价（达到打√，未达到画○）	小组评价（达到打√，未达到画○）	教师评价（达到打√，未达到画○）
能够说出学前儿童多元文化教育的含义			
能够理解学前儿童多元文化教育的意义			
能够结合案例分析学前儿童多元文化教育的意义			

任务二　学前儿童多元文化教育的途径

情景导入

某幼儿园遵循时代性、本土性、适宜性、全面性与科学性原则，开发了园本节日课程。课程通过环境熏陶、生活渗透、主题融合等有效途径来实施，在实施过程中遵循了趣味性、层次性和适度性原则，并通过过程性评价不断完善课程体系。

思考：除以上途径外，还可以通过哪些途径开展节日课程？

我的回答：

任务分析

学前儿童多元文化教育的途径是丰富多样的。教师应从学前儿童的兴趣特点出发，以其已有的生活经验、学习方式、交往能力为基础，选择恰当的途径开展学前儿童多元文化教育。

知识准备

名人名言

中华优秀传统文化教育抓早抓小、久久为功、潜移默化、耳濡目染，有利于夯实传承中华优秀传统文化的根基。

——习近平

任何一个文化的轮廓，在不同的人看来都可能是一幅不同的图景。

——雅各布·布克哈特

培养学前儿童的多元文化意识是学前儿童社会教育适应时代要求的必然选择。学前儿童多元文化教育重在引导学前儿童在把握本民族文化特色、形成对本民族文化的归属感的同时，能以客观、公正、开放、包容的态度对待外来文化，培养其初步的文化认知感与判断力。

一、树立多元文化教育理念

作为社会教育集中实施重要场所的幼儿园，应主动树立多元文化教育理念，正视学前儿童多元文化教育实施过程中存在的问题，通过多种途径促进学前儿童多元文化意识的形成。

教师是学前儿童学习、发展的促进者，其教育理念直接影响着学前儿童学习与发展的效果。教师树立正确的多元文化教育理念，是有效实施学前儿童多元文化教育的重要保证。首先，教师自身必须明确多元文化教育的实质，了解它对学前儿童发展的重要意义。只有明确了这一点，才会在今后克服以往教育实践过程中存在的问题，选择合适的内容，运用正确的方法开展教育实践。其次，教师要不断提升自身专业素质，满足学前儿童的多元文化需求。比如，当学前儿童对某个节日的由来很感兴趣时，教师如果不能及时给予解答与引导，就容易挫伤学前儿童的好奇心和求知欲，进而错失多元文化教育的契机。若教师能够持续学习、不断提升自己，在遇到相关教育情境时，就能很好地应对。

对点案例

王老师班上最近转来了一位回族小朋友。王老师以此为契机，设计了“多彩的民族”系列活动，引导幼儿了解各民族的风俗习惯和文化特色，激发他们尊重和喜爱其他民族同胞的情感。

二、打造多元文化教育环境

环境会对学前儿童产生潜移默化的影响，为提升学前儿童的多元文化意识，教师可以在活动室布置京剧脸谱、国画、中英文问候语标牌，在班级走廊里悬挂各国国旗，在玩具柜上摆放地球仪，在图片角、语言区摆放不同文字版本的图书、杂志和音像资料，在表演区投放不同风格的服饰、头饰，在音乐区投放东方、西方的各种乐器等。

对点案例

在主题活动“多彩民族服饰”中，幼儿教师引导幼儿运用收集的废旧材料（如旧衣服、布料、广告纸、光碟、不同材质的包装袋和包装盒等）、自然材料（如树叶、果核、果壳、贝壳等）和一些幼儿园常用的美术材料，通过线描、水粉、拼贴、版画、水墨画、剪纸、艺术创想、创意手工等多种表现手法，展现多国家、多民族服饰。

三、开展多元文化主题教育活动

从学前儿童的兴趣特点出发，以其已有的生活经验、认知水平为基础，根据不同国家、民族的地理、建筑、风土人情、饮食习惯等编制主题教育活动方案，以主题教育的方式对学前儿童进行多元文化教育，培养学前儿童对多元文化的积极态度，引导学前儿童理解和尊重来自不同民族的文化。

对点案例

某幼儿园开展了“祖国大家庭”主题活动，包括“我们的祖国真大”“去旅游”“民族朋友多”“民族服饰真漂亮”等集体教学活动，以及美工区的“维吾尔族花帽”，表演区的“民族舞蹈家”“掀起你的盖头来”，角色区的“民族风情街”“小导游”等区域活动。

与此同时，本次活动还在环境创设、生活活动和家园共育中都突出了活动主题，如环境创设中“将民族服饰张贴在教室外墙”，生活活动中“利用一日生活中的过渡环节，在教室内播放民族风格明显的歌曲或轻音乐请幼儿欣赏”，家园共育中“家长和幼儿共同收集关于少数民族服饰、玩具等的音像资料”等。

四、在一日生活中渗透多元文化教育

在学前儿童的日常生活中，处处都蕴藏着多元文化学习和教育的契机，衣、食、住、行等领域都可以渗透学前儿童多元文化教育。例如，安排学前儿童每天的餐饮活动时，教师可以适时让学前儿童品尝不同国家具有代表性的食品（日本料理、韩国烧烤、西餐等），让学前儿童直观地感受不同饮食传统所代表的各国文化；也可以让学前儿童尝试制作本国或外国食品（学习包饺子、做汤圆、包粽子、制作水果沙拉和蛋糕等），初步了解并比较东西方国家不同的饮食习惯和饮食文化。以家庭为单位组织购物或旅游时，父母也可以带学前儿童体验多样化的文化背景，使学前儿童接触到更多的具有民族特色的服饰、装饰品和工艺品等，如维吾尔族的小花帽、蒙古族的长袍等，让学前儿童或观赏或穿着，从中体验不同文化的魅力。此外，还可以鼓励学前儿童走出学校、走出家庭，参与与其发展水平相适应的社会文化活动或组织，通过社会实践的方式去感受多元文化的精妙。

对点案例

某幼儿园在餐饮活动中，教师引导幼儿通过使用不同国家的饮具、餐具，制作、品尝不同国家的食物来认识和了解不同国家的饮食文化，并学会尊重不同国家的文化。同时，充分利用社区资源，组织幼儿参观美食街，观看当地和国外一些美食的制作过程并品尝。

五、在节日庆祝活动中感受多元文化

世界各国的各种重要节日、纪念日都是宝贵的多元文化教育资源，其中蕴藏着一个国家或民族的文化内核。教师要注意从学前儿童的兴趣、需要、能力、经验和文化背景出发，有目的、有计划地合理加以利用。不仅要围绕着本国的节日，如中国的春节、端午节、中秋节、重阳节等开展活动，而且要适时精心挑选和利用外国具有代表性的重大节日开展主题活动，让学前儿童积极准备活动所需要的物品、布置活动场地并亲身参与到活动的全过程中，使学前儿童有机会接触各个国家和地区不同的文化、不同的风土人情及生活习惯，在活动中感受不同的民族风情，增进学前儿童对多元文化的正确认知。

需要注意的是，以节日活动为载体培养学前儿童的多元文化意识，应立足于本民族的优秀传统文化，这样既可以加深学前儿童对本土文化的认知，又可以使其感受到外来文化的缤纷与多元。

对点案例

新年礼仪

在热闹、喜庆、祥和的春节里，探亲访友是少不了的活动。春节期间正是教育孩子与人和睦相处的好机会，接下来让我们一起来学习一下春节都有哪些礼仪吧！

过年最令孩子欣喜的就是拿红包了，拿红包也是要讲究礼仪的哦！长辈给红包的时候，孩子们要双手接过并向长辈们说“谢谢”。接过红包后，千万不能当着长辈的面折开，最好的做法是马上把红包放到爸爸妈妈的口袋或自己的口袋里。

春节期间客人比较多，爸爸妈妈可以事先教会孩子用手势打招呼，如抱拳作揖、看到亲朋好友时微笑挥手等。还可以教他们说“恭喜发财”“新年快乐”“岁岁平安”之类的吉祥话和祝词。春节是一个十分吉利、喜庆的节日，因此，贺年祝福的话不能少，说话礼仪要掌握。

当有客人在场的时候，爸爸妈妈要教育孩子讲究礼貌。吃饭之前要跟孩子说好：“好吃的大家都喜欢，所以饭桌上有好吃的，你不要自己一个人吃光；带汤汁的肉菜更要小心夹，以免溅脏了衣服；吃完饭后放下碗，要有礼貌地说‘请大家慢用’。”

家长领着孩子去别人家做客时，进门后，家长要引导孩子在问好之后主动把脱下的鞋子放整齐，当孩子受到招待时记得让孩子说“谢谢”。还要告诉孩子，他人的东西别乱动，如果想玩玩具或看书，一定要经过主人的同意；自己玩时记住不要打扰大人谈话，玩过之后把东西放好。

孩子与孩子之间也要讲究社交礼仪。当有小客人时，大方地拿出玩具和小客人一起分享，会让小客人格外开心。客人走时，家长可以领着孩子送客人出门或下楼，在这样的耳濡目染之下，孩子待人接物会更加大方有礼。

过年时，有一些电话礼仪的小细节，也是需要孩子们掌握的哦！孩子接电话的时候要学会说“你好”“请问”“请等一下”等礼貌用语；接电话时声音要轻一些，不要在电话中大声嚷嚷；接电话时要有问有答。

资料来源：某幼教集团微信公众号.

学习完本任务，相信你一定可以更为深入地回答“情景导入”部分的问题。

幼儿园开展多元文化教育的途径主要包括树立多元文化教育理念、打造多元文化教育环境、开展多元文化主题教育活动、在一日生活中渗透多元文化教育、在节日庆祝活动中感受多元文化等；除此之外，还应关注家园社协同育人，在此过程中，共同提升学前儿童的多元文化意识。

学习笔记

实践训练

收集并分析学前儿童多元文化教育的途径。

一、实训目标

能够分析学前儿童多元文化教育的途径。

二、实训过程

（1）分小组查阅学前儿童多元文化教育案例。

（2）讨论学前儿童多元文化教育的途径。

（3）交流分享。

三、实训要求

（1）收集的案例属于学前儿童多元文化教育活动范畴。

（2）交流分享时条理清晰、语言流畅。

岗课赛证测验

岗课赛证测验

学习任务完成情况评价表

评价标准	自我评价（达到打√，未达到画○）	小组评价（达到打√，未达到画○）	教师评价（达到打√，未达到画○）
能够说出学前儿童多元文化教育的途径			
能够结合案例分析学前儿童多元文化教育的途径			
能够运用多种途径，开展学前儿童多元文化教育活动			

任务三　学前儿童多元文化教育活动的设计与实施

情景导入

端午节是我国的传统节日，为了能让幼儿了解端午节的习俗，感受端午节的节日氛围，某幼儿园组织开展了“共度端午，扬民族正气”的主题活动。

思考：针对此次主题活动，教师可以为幼儿设计哪些具体的活动？

我的回答：

任务分析

学前儿童多元文化教育的内容特别丰富，在实际教育工作中，教师需要根据学前儿童年龄阶段特点，设计和实施具有时代性、本土性、科学性的多元文化教育活动。

知识准备

名人名言

我们要积极发展教育事业，通过普及教育，启迪心智，传承知识，陶冶情操，使人们在持续的格物致知中更好认识各种文明的价值，让教育为文明传承和创造服务。

——习近平

真正多元文化的教育应当既能满足全球和国家一体化的迫切需要，又能满足农村或城市具有自己文化的特定社区的特殊需要。

——鲁道夫·斯塔文哈根

一、学前儿童多元文化教育的内容

（一）学前儿童民族文化教育的内容

学前儿童民族文化教育的内容主要包括民俗文化教育、传统手工艺教育、民间游戏教育及民间文学教育。

1. 民俗文化教育

民俗文化是联结学前儿童与社会的桥梁，它包括传统节日礼仪、风土人情、民俗艺术、特色服饰及特色建筑等。对学前儿童开展民俗文化教育要选取适合学前儿童了解和学习的民俗活动与内容，将其与学前儿童的认知水平、生活经验和兴趣相结合，让学前儿童在感知、体验、参与、表达的过程中了解民俗文化，提高学前儿童对民俗文化和社会生活的认知能力。

对点案例

某幼儿园教师选取了与传统节日文化有关的绘本故事、传奇故事、童谣、舞蹈等，并根据幼儿年龄特点和兴趣爱好进行改编，将其作为幼儿进行艺术表演的题材，每个幼儿都能在表演中体验到传统节日的节庆氛围。

2. 传统手工艺教育

传统手工艺是中华民族宝贵的文化遗产。我国传统手工艺门类众多，是中国古代劳动人民智慧的结晶。对学前儿童进行传统手工艺教育，是传承和发展民族文化的有效途径。

学前儿童的传统手工艺教育主要基于学前儿童身心发展的特点，以剪纸、泥塑、编织等为主要形式，选取具有中国传统手工艺特色的内容（如窗花、陶艺、中国结等），培养他们对传统手工艺的兴趣。

对点案例

某幼儿园经常引导幼儿欣赏民间艺术作品，并鼓励幼儿亲自动手创作，让幼儿切身感受祖国文化的丰富和优秀，感受经典民间艺术作品特有的美，萌发对中华优秀传统文化的热爱之情。例如，在大班进行编织教学，引导幼儿编制中国结，在编制的过程中，渗透民族文化教育。

3. 民间游戏教育

捉迷藏、老鹰捉小鸡、踢毽子、丢沙包、跳房子、木头人……这些乐趣无穷的民间游戏不仅能够丰富学前儿童的生活，而且能够促进学前儿童在动作、语言表达、社会交往等方面的健康发展。

由于民间游戏种类繁多且灵活多变，幼儿教师在对学前儿童开展民间游戏教育时，首先要充分考虑学前儿童的身体发育情况，选择适应其体能发展特点且简单易学的游戏类型，然后从中筛选出有趣的、经典的游戏，不仅要让学前儿童充分享受民间游戏的乐趣，还要让其在游戏中感受到民族文化的魅力。

对点案例

有很多民间游戏可以直接在幼儿园中开展，有的则需要稍做改编。例如，运动类民间游戏有平衡能力游戏“金鸡独立”“撞拐”，手眼协调游戏“拍球”，追逐类游戏“老鹰捉小鸡”“踩影子”“红花红花几月开”，灵敏性游戏“网鱼”“脚尖脚跟脚尖踢”，集体性游戏“拔河”“多人多足”等；智力类民间游戏有观察力游戏“捉迷藏”“迷宫”，想象力游戏“七巧板”“做冰块”，反应力游戏“打手背”“喊数抱人”“正说反做”等；艺术类民间游戏有音乐类游戏“丢手绢”“小兔乖乖”，美术类游戏“印章”“泥娃娃”“做风筝”等；语言类民间游戏有绕口令游戏“十和四”“扁担长板凳宽”，儿歌游戏“拉大锯，扯大锯”“小老鼠上灯台”“摇啊摇，摇到外婆桥”“凑十歌”等。

4. 民间文学教育

民间文学包括儿歌、古诗、民间故事、谚语、寓言等形式，具有启迪智慧、滋养心灵的教育作用，是我国古代劳动人民的经验宝库。学前儿童的民间文学教育应选取符合学前儿童的欣赏水平和理解水平，同时又具有文化价值的作品来构建教育活动的内容，使学前儿童从中感受到我国民间文学的魅力和趣味，从而开阔他们的视野，启迪他们的心灵，增进他们的民族情感。

对点案例

某幼儿教师精心挑选了富有教育意义的民间文学作品让幼儿学习，如《木兰从军》《孔融让梨》等，引导幼儿思考如何爱他人、如何爱集体、如何爱祖国；又如《狼来了》等，引导幼儿认识到做人必须诚实守信。

（二）学前儿童世界文化教育的内容

学前儿童世界文化教育的内容主要包括国外饮食文化教育和国外节日文化教育。

1. 国外饮食文化教育

对学前儿童进行国外饮食文化教育主要是让学前儿童了解、品尝或制作国外的常见食物，帮助学前儿童认识国外食物的历史由来、营养价值、制作方法，并学习基本的就餐礼仪，提升他们对国外饮食文化的认知。

对点案例

为丰富幼儿对国外饮食的认识，某幼儿园每周五都会提供各种各样的外国食物，供幼儿认知和食用。在这样潜移默化的过程中，幼儿认识了很多国外食物，如印度飞饼、法式土豆泥等。

2. 国外节日文化教育

传统节日是社会公共文化的缩影。各个国家因不同的自然环境和社会环境而形成了不同的传统节日，这些被赋予了特殊文化意义的日子，反映了不同国家、人民对于信仰、文化、生活、观念等方面的不同诉求。它们是学前儿童感知外国文化的窗口。

在开展国外节日文化教育时，幼儿教师应仔细甄选活动题材和内容，引导学前儿童了解国外是如何过这些节日的，进而开拓国际视野。

对点案例

某幼儿园利用一些国外节日，帮助幼儿了解西方文化礼仪、风俗；利用世界地球日等，培养幼儿保护地球、争做环保小卫士的情怀。多元化节日活动的开展，不仅丰富了幼儿的生活经验，还拓宽了幼儿的国际视野，提升了幼儿的国际素养。

二、不同年龄段学前儿童多元文化教育活动的设计与实施

不同年龄班的学前儿童在多元文化认知和理解方面有不同的特点，教师应该根据小班（3～4岁）、中班（4～5岁）、大班（5～6岁）这三个年龄阶段学前儿童的发展特点，有针对性地分别进行多元文化教育活动的设计与实施。

（一）小班幼儿多元文化教育活动的设计与实施

根据小班幼儿（3～4岁）多元文化认知的发展特点，教师可以有针对性地设计以下有关小班幼儿多元文化教育内容的活动方案：

（1）美味比萨（国外饮食文化教育）。

（2）自己洗脸和刷牙——《弟子规》："晨必盥，兼漱口"（民间文学教育）。

对点案例

小班社会活动：自己洗脸和刷牙——《弟子规》："晨必盥，兼漱口"

活动目标

（1）结合生活经验初步理解《弟子规》中"晨必盥，兼漱口"的含义。

（2）能大声地诵读《弟子规》中的经典片段。

（3）积极参与活动，体验活动的快乐，懂得要讲究卫生。

活动准备

（1）动画歌曲《讲卫生》；音乐《苗岭的早晨》。

（2）牙痛图片；正确刷牙图；文字：晨必盥，兼漱口。

（3）讲卫生记录表。

活动过程

（一）情境练习：洗脸和刷牙

1. 教师情景表演：起床、伸懒腰、揉眼睛、穿衣、穿裤子等

师：我刚才在干什么呀？小朋友都看出来了，是早上起床的动作，小朋友是自己穿衣服还是爸爸妈妈帮着穿呀？

幼：我自己穿的。

师：看来你们都是懂事的孩子，自己的事情自己做，没有让爸爸妈妈更辛苦。那么起床后，我们应该做什么呢？

2. 欣赏动画歌曲《讲卫生》

师：小朋友们表现真不错，奖励大家看一段动画片，看看动画片里讲了什么。

（二）练读《弟子规》原文"晨必盥，兼漱口"

（1）学习原文"晨必盥，兼漱口"（出示文字）。

师：《弟子规》中把早上起来认真洗脸、刷牙叫作“晨必盥，兼漱口”。

（2）一起练习朗读“晨必盥，兼漱口”。

（3）了解不刷牙的后果(出示牙痛图片)。

师：看看这个小朋友怎么啦？为什么会这样呀？让我们用刚才学的《弟子规》中的话来告诉他该怎么做。

(三)拓展生活经验

师：干干净净的小朋友大家都喜欢，除了要刷牙、洗脸，还有哪些方面也需要讲卫生呢？

（1）幼儿自由讲述(上厕所后、吃东西前洗手，吃完饭后漱口、擦嘴……)。

（2）请个别幼儿讲述。

（3）练习洗手。

师：吃东西前、上厕所后都要洗手，不然病菌在手上，吃到肚子里后会生病的。

(四)介绍卫生记录表

教师介绍卫生记录表，请爸爸妈妈帮助记录小朋友有没有认真刷牙、洗脸，看看哪些小朋友能坚持每天早晚都认真刷牙、洗脸，比一比谁是讲卫生的好孩子。老师还准备了很多红心，这是奖励给讲卫生的孩子的。

资料来源：孙亚琴. 小班社会活动：自己洗脸和刷牙——《弟子规》“晨必盥，兼漱口”［C］. 思维丛书（第二辑）：幼儿责任思维培养课例集，2012：88-93.

（二）中班幼儿多元文化教育活动的设计与实施

根据中班（4～5岁）幼儿多元文化认知的发展特点，教师可以有针对性地设计以下有关中班幼儿多元文化教育内容的活动方案：

（1）快乐的中秋节（民俗文化教育）。

（2）别人的东西我不拿——《弟子规》：“物虽小，勿私藏。苟私藏，亲心伤”（民间文学教育）。

对点案例

中班社会活动：快乐的中秋节

活动目标

（1）知道农历八月十五是我国的传统节日中秋节，初步了解中秋节的来历及习俗。

（2）了解做月饼的基本过程，学习运用团、压、切、扣等技法制作月饼。

（3）感受中秋节的欢乐气氛，体验与同伴、老师过节的快乐。

活动准备

（1）故事课件《月亮姑娘做衣裳》《嫦娥奔月》；有关过中秋节的视频；歌曲《爷

爷为我打月饼》。

（2）幼儿人手一份橡皮泥及橡皮泥工具。

（3）用橡皮泥制作的不同形状、花纹的月饼五块。

（4）各种口味的月饼实物若干。

活动过程

（一）故事导入，了解月亮的变化，激发幼儿的学习兴趣

（1）师：小朋友们，你们喜欢天上的月亮吗？你看到的月亮是什么样子的？

幼：……

（2）师：今天老师给大家带来一个有关月亮的故事，看完这个故事小朋友们就会明白为什么我们看到的月亮是不一样的了。

（3）播放故事《月亮姑娘做衣裳》。

师：小朋友们，月亮姑娘做成新衣裳了吗？为什么会这样？原来是因为月亮姑娘每天都在变化，穿不上合身的衣裳。

请幼儿用身体动作表演各个阶段的月亮姑娘，进一步感受月亮的不断变化让它没有合身的衣服穿。

（二）了解中秋节的由来，知道农历八月十五是中秋节

1. 讲解中秋节的由来

农历八月十五是我国的传统节日，八月十五恰在秋季的中间，所以叫中秋节。这天晚上月亮最圆最亮，人们吃月饼赏月亮，也希望生活像月亮一样圆圆满满。

2. 请幼儿欣赏关于中秋节的传说《嫦娥奔月》

关于中秋节有很多美丽的传说和故事，下面就请小朋友们一起来欣赏吧。

小结：嫦娥为了保护后羿才吃了仙丹，结果他们一个在天上另一个在地上，只能远远地互相对望、互相思念。人们敬重嫦娥，为了纪念嫦娥就把八月十五月亮又圆又大的这一天定为中秋节。

（三）了解中秋节的有关习俗，知道中秋节是全家团圆的日子

（1）提问：中秋节你想和谁一起过？幼儿集体交流讨论。

教师总结：中秋节是一个团圆的日子，要全家人在一起团团圆圆、快快乐乐地过节。

（2）了解过中秋节的习俗。

师：小朋友们，你们想怎么过中秋节呢？你还记得在家里是怎么和爸爸妈妈一起过中秋节的吗？

幼：……

师：你们想看看全国各地的人们都是怎么过中秋节的吗？中秋节的时候，各个地

方都有不同的庆祝方式，我们一起来看一看他们是怎么过节的。

（播放有关过中秋节的视频。）

（四）做月饼，掌握做月饼的基本步骤和基本技法

（1）欣赏歌曲《爷爷为我打月饼》，激起幼儿做月饼的兴趣。

师：小朋友们在过中秋节时最爱吃的食物就是月饼了，明天就是中秋节了，我们也来做月饼，小朋友们跟老师、同伴一起提前过个快乐的中秋节好不好？

（2）教师引导幼儿观察不同形状、花纹的月饼，看看这些月饼是用什么材料做的，是什么形状的，花纹是什么样子的，月饼上面还有什么。

（3）教师示范讲解做月饼的基本技法。

师：老师给小朋友们准备好了橡皮泥，小朋友们先和老师一起制作一个简单的月饼，大家要认真学，学会之后你就可以制作自己喜欢的月饼了。

教师带领幼儿重点学习团、压、切、扣等基本技法，为幼儿自己制作月饼打好基础。

师：先将橡皮泥放在手中，用手心揉成一个圆圆的球形，再将球形放在桌子上用手心压一压，压成一个扁圆形，再用塑料工具在周围刻出各种花纹。

（4）幼儿自由制作月饼，教师鼓励幼儿大胆想象，培养幼儿的创新能力。

教师将橡皮泥及各种制作工具分发给幼儿，鼓励幼儿大胆创作。

（5）作品展示：谁的月饼最漂亮。

请幼儿上台展示并介绍自己的月饼，最后评选出谁的月饼最漂亮。

活动延伸

吃月饼，体验与老师、同伴一起过节的快乐。

师：看着小朋友们做的这么多漂亮的月饼，我真的好想吃一口啊！小朋友们，你们想不想吃月饼啊？今天老师给小朋友们准备了各种口味的月饼，让我们一起来吃月饼过中秋节好不好？

播放音乐，小朋友们洗干净小手之后和老师、同伴一起分享月饼，过一个快乐、难忘的中秋节！

资料来源：庞鑫锋. 中班社会活动：快乐的中秋节［J］. 教育实践与研究，2014（12）：62-63.

（三）大班幼儿多元文化教育活动的设计与实施

根据大班幼儿（5～6岁）多元文化认知的发展特点，教师可以有针对性地设计以下有关中班幼儿多元文化教育内容的活动方案：

（1）端午节（民俗文化教育）。

（2）百家姓（民间文学教育）。

对点案例

大班社会活动：端午节

活动目标

（1）激发对传统节日的兴趣，体验端午节的民俗氛围。

（2）了解端午节的习俗及来历，获得更多关于端午节的知识。

活动准备

（1）经验准备：幼儿已初步了解相关的端午节习俗。

（2）物质准备：端午节课件；“端午一条街”物品，包括粽子实物，相关图片若干，艾叶、香囊、五彩绳若干，雄黄酒一瓶、小碗四个，相关视频。

活动过程

（一）出示粽子，引出主题

提问：你吃过什么口味的粽子？什么节日会吃粽子？端午节是几月几日？

小结：每年农历的五月初五是端午节，端午节是中国的传统节日。

（二）创设情境，感知端午

提问：端午节除了吃粽子以外，我们还会干什么？

幼儿到“端午一条街”自由地逛一逛、尝一尝、戴一戴、看一看，感受端午节的习俗。

（三）多种方式，梳理提升

提问：你在“端午一条街”看到人们会干些什么？

根据幼儿的回答，教师及时展示端午节相关实物，梳理、提升幼儿经验。

1. 插艾叶

提问：艾叶有什么味道？你知道艾叶有什么用处吗？

2. 包粽子

提问：你吃到了什么口味的粽子？你还知道有什么口味的粽子？好吃的粽子是怎样包出来的？

教师带领幼儿玩游戏“包粽子”。

3. 挂香囊

提问：为什么挂香囊？

4. 系五彩绳

提问：为什么叫五彩绳？端午节为什么要系五彩绳？

请小组代表取五彩绳分给成员，相互系五彩绳并互送祝福。

5. 喝雄黄酒

提问：雄黄酒用来干什么？端午节大人会喝一点雄黄酒，还会拿雄黄酒在小朋友的额头上画“王”字，你知道这种习俗叫什么吗？

6. 划龙舟

提问：视频中的叔叔们是怎样划龙舟的？动作是怎样的？怎样才能划得快？使劲就能划得快吗？怎样才能做到劲往一处使？

幼儿分 4 队进行划龙舟比赛，体验端午民俗活动热烈的气氛。

小结：端午节的特色食物有粽子；端午节活动有划龙舟、插艾叶、画额；端午节挂饰有香囊、五彩绳。除此之外，端午节还有很多习俗，有的地方端午节这天还有吃“五黄”的习惯……

（四）观看课件，了解来历

师幼共同欣赏课件，了解端午节的来历。

联系实际，升华情感。

（1）说一说：端午节到了，你想对身边的人说些什么？

（2）播放视频《送平安》，感受端午节送平安送祝福的节日主题。

（3）请幼儿到“端午一条街”取一个代表平安的挂饰送给同伴，并说一句祝福的话。

活动延伸

（1）阅读相关图书，增进对端午节的了解。

（2）教师可以向厨房提议，制作各种口味的粽子让幼儿品尝。

（3）制作端午祝福贺卡，送给家人。

资料来源：山东大学第二幼儿园教学实践.

学习完本任务，相信你一定可以更为深入地回答“情景导入”部分的问题。

传统节日是中华民族在漫长历史中形成的文化瑰宝，是根植于民族民间土壤中的活态文化，具有历久弥新的文化精神和与时俱进的传承活力。幼儿教师可以开展传统节日活动，同时还可以结合国外节日，开展相关的节日活动。

学习笔记

实践训练

模拟教学：学前儿童多元文化教育。

一、实训目标

根据所学知识，选择本任务中某一个对点案例的教案，开展学前儿童多元文化教育活动的集体教学。

二、实训过程

（1）回顾学前儿童多元文化教育活动的设计与实施的相关内容。

（2）选择对点案例。

（3）开展模拟教学。

（4）交流分享，写出活动反思。

三、实训要求

（1）活动目标明确；活动准备充分；活动过程完整，并注重师幼互动；能够呈现活动延伸的内容。

（2）教态适宜，语言规范，条理清楚，逻辑性强，表达流畅。

岗课赛证测验

岗课赛证测验

学习任务完成情况评价表

评价标准	自我评价（达到打√，未达到画○）	小组评价（达到打√，未达到画○）	教师评价（达到打√，未达到画○）
能够知道学前儿童多元文化教育的内容			
能够设计不同年龄段学前儿童的多元文化教育活动			
能够实施不同年龄段学前儿童的多元文化教育活动			
能够点评学前儿童多元文化教育活动			

• 项目小结 •

本项目主要包括三个任务：学前儿童多元文化教育概述；学前儿童多元文化教育的途径；学前儿童多元文化教育活动的设计与实施。

学前儿童多元文化教育致力于帮助学前儿童认识和了解本民族文化的根基和内涵，引导学前儿童学会尊重其他文化的多样性，认同其他文化的差异性，并从中发现文化的共同性和相互依存性。学前儿童多元文化教育的实质是培养学前儿童的跨文化适应能力。

学前儿童多元文化教育可以为学前儿童树立全球化观念打下基础，使他们在多元的社会环境中成长为具有责任感的公民，从而赢得他人的理解和尊敬。此外，将多元文化融入学前儿童社会教育还有利于拓宽学前儿童的文化视野，增强学前儿童的爱国主义情感，提高学前儿童的社会适应能力。

学前儿童多元文化教育的途径包括：树立多元文化教育理念，打造多元文化教育环境，开展多元文化主题教育活动，在一日生活中渗透多元文化教育，在节日庆祝活动中感受多元文化。

学前儿童多元文化教育的内容包括民族文化教育和世界文化教育。学前儿童民族文化教育的内容主要包括民俗文化教育、传统手工艺教育、民间游戏教育及民间文学教育。学前儿童世界文化教育的内容主要包括国外饮食文化教育和国外节日文化教育。

不同年龄班的学前儿童在多元文化认知和理解方面有不同的特点，教师应该根据小班（3～4岁）、中班（4～5岁）、大班（5～6岁）这三个年龄阶段学前儿童的发展特点，有针对性地分别进行多元文化教育活动的设计与实施。

参考文献

著作

［1］周平，邹玲．学前儿童社会教育与活动指导［M］．北京：中国轻工业出版社，2022.

［2］周世华，王燕媚．学前儿童社会教育［M］．3版．北京：高等教育出版社，2019.

［3］张岩莉．学前儿童社会教育［M］．2版．上海：复旦大学出版社，2016.

［4］张明红．学前儿童社会学习与发展核心经验［M］．南京：南京师范大学出版社，2018.

［5］陈芝蓉．学前儿童社会教育活动设计与指导［M］．北京：机械工业出版社，2017.

［6］刘晶波，等．幼儿园社会领域教育精要：关键经验与活动指导［M］．北京：科学出版社，2015.

［7］陈世联．学前儿童社会教育［M］．北京：中国人民大学出版社，2017.

［8］李焕稳．学前儿童社会教育［M］．北京：北京师范大学出版社，2016.

［9］张丽丽，贾素宁．学前儿童社会教育与活动设计［M］．北京：科学出版社，2016.

［10］William Damon，等．儿童心理学手册：第3卷［M］．林崇德，李其维，董奇，译．2版．上海：华东师范大学出版社，2015.

［11］周梅林．学前儿童社会教育活动指导［M］．2版．上海：复旦大学出版社，2009.

［12］张明红．学前儿童社会教育［M］．上海：华东师范大学出版社，2008.

［13］陈世联．幼儿社会教育［M］．海口：南海出版公司，2009.

［14］Marjorie J Kostelnik，等．儿童社会性发展指南：理论到实践［M］．邹晓燕，等译．北京：人民教育出版社，2009.

［15］Marjorie V Fields，Debby Fields．儿童纪律教育：建构性指导与规训［M］．原晋霞，等译．北京：中国轻工业出版社，2007.

［16］杜威．学校与社会［M］．赵祥麟，等译．北京：人民教育出版社，2005.

［17］虞永平．幼儿园渗透式领域课程：社会［M］．南京：南京师范大学出版社，2005.

［18］张文新．儿童社会性发展［M］．北京：北京师范大学出版社，1999．

学位论文

［1］詹妮．全面二孩政策下学前儿童社会适应能力发展现状及教育策略［D］．大连：辽宁师范大学，2022.

［2］李雯雯．社区支持学前儿童家庭教育的调查研究［D］．鞍山：鞍山师范学院，2021.

［3］刘骏．媒介社会化视阈中的学前儿童亲社会与攻击行为研究［D］．武汉：武汉大学，2019.

［4］许玭．学前儿童社会－情绪学习课程方案及其有效性研究［D］．上海：上海师范大学，2017.

［5］张惠敏．亲师关系与儿童社会适应的相关研究［D］．上海：上海师范大学，2015.

［6］邓小平．教师行为、亲子互动与学前儿童创造力的关系研究［D］．长春：东北师范大学，2013.

［7］嵇珺．我国幼儿园社会领域教育研究［D］．南京：南京师范大学，2012.

［8］赵海燕．学前教育民俗文化课程研究［D］．重庆：西南大学，2012.

［9］李琦．多元媒介环境下的我国儿童电视节目研究［D］．上海：华东师范大学，2012.

［10］孙蕾．家庭环境对学前儿童入学准备的影响［D］．长春：东北师范大学，2007.

［11］鲍欣欣．幼儿园小班班级规范事件研究［D］．南京：南京师范大学，2005.

［12］王春燕．中国学前课程百年发展、变革的历史与思考［D］．南京：南京师范大学，2003.

期刊论文

［1］梁宗保，吴安莲，张光珍．父母消极养育方式与学前儿童社会适应问题的关系：亲子冲突的中介作用［J］．学前教育研究，2022（3）：43-52.

［2］马锦华，陈婷婷，王宗丽．大班幼儿对交往相关概念认知的实证研究［J］．教育研究与实验，2022（3）：88-93.

［3］冯静．学前儿童交往礼仪行为的发展［J］．学前教育研究，2021（8）：91-94.

［4］朱旭东，李秀云．幼儿五大领域发展与幼儿全面发展之辩：兼论幼儿全面发展本体论意义上的概念建构［J］．教育发展研究，2021，41（Z2）：1-8.

［5］刘田田，李燕，李有嘉，姜新苗．父母协同教养与学前儿童社会行为的关系：亲子关系和同胞关系的链式中介作用［J］．心理发展与教育，2021，37（5）：638-647.

［6］张光珍，梁淼，梁宗保．父母教养方式影响学前儿童社会适应的追踪研究：自我控制的中介作用［J］．心理发展与教育，2021，37（6）：800-807.

［7］曾晓滢，原晋霞．美国学前儿童社会－情绪能力的培养策略：源自七个“CASEL SELect”课程的经验［J］．上海教育科研，2020（1）：35-38，34.

［8］李梦娜，李堃，陈穗清．不同家庭结构对幼儿亲社会行为意向的影响［J］．学前教育研究，2019（11）：51-61.

［9］朱晶晶，李燕，张云，Robert J Coplan，刘田田．学前儿童害羞与社会适应：师幼关系的调节作用［J］．心理科学，2018，41（5）：1130-1137.

［10］徐鹏．美国学前儿童“社会情绪学习（SEL）”的基本结构、培养策略与特点：源自马萨诸塞州的经验［J］．外国中小学教育，2018（7）：17-27.

［11］公孙一霏，刘丽娟，何慧华，高竹青，黄莺，李燕．学前儿童的“社会－情绪学习（SEL）”：必要性与可行性［J］．外国中小学教育，2018（1）：22-32，21.

［12］贺晓红．多元文化视阈下园本节日课程开发［J］．学前教育研究，2018（2）：64-66.

［13］王晓玲，钱光丽．幼儿园多元文化教育目标定位与实践策略［J］．学前教育研究，2016（4）：70-72.

［14］于开莲．幼儿园社会领域课程目标的国际比较［J］．学前教育研究，2012（3）：48-51.

［15］甘剑梅．学前儿童社会教育的内涵、性质与课程地位［J］．学前教育研究，2011（1）：53-59.

［16］沈悦，陈健芷．家庭环境、同伴关系对幼儿心理理论的影响［J］．学前教育研究，2009（3）：31-34.

［17］马春玉．幼儿园多元文化教育浅探［J］．学前教育研究，2007（6）：45-46.

［18］许继红，渠静．中班幼儿自我意识的培养初探［J］．学前教育研究，2001（4）：63-64.

［19］虞永平．幼儿园社会领域课程刍议［J］．学前教育研究，1997（5）：37-41.

附　录

附录 1

课程思政素材：二十四节气

附录 2

课程思政素材：传统节日

附录 3

课程思政素材：各种各样的节日或纪念日

图书在版编目（CIP）数据

学前儿童社会教育 / 王琦，张婷婷主编 . -- 北京 ：
中国人民大学出版社，2024.1
实践应用型学前教育专业精品教材
ISBN 978-7-300-32103-5

Ⅰ. ①学… Ⅱ . ①王… ②张… Ⅲ . ①学前儿童－社
会教育－幼儿师范学校－教材 Ⅳ . ① G611

中国国家版本馆 CIP 数据核字（2023）第 162768 号

实践应用型学前教育专业精品教材
学前儿童社会教育
主　编　王　琦　张婷婷
副主编　窦丽丽　王桂霞　赵　伟
参　编　王冉冉　丁　倩　王　存　郭秋焕　张丽莉　初雅琳　慕媛媛　刘子晨
Xueqian Ertong Shehui Jiaoyu

出版发行	中国人民大学出版社		
社　　址	北京中关村大街 31 号	**邮政编码**	100080
电　　话	010－62511242（总编室）		010－62511770（质管部）
	010－82501766（邮购部）		010－62514148（门市部）
	010－62515195（发行公司）		010－62515275（盗版举报）
网　　址	http://www.crup.com.cn		
经　　销	新华书店		
印　　刷	中煤（北京）印务有限公司		
开　　本	787 mm × 1092 mm　1/16	**版　　次**	2024 年 1 月第 1 版
印　　张	14.5	**印　　次**	2024 年 1 月第 1 次印刷
字　　数	288 000	**定　　价**	59.00 元